リーダーの言葉力

文藝春秋編

文春新書

1479

はじめに

困難に立ち向かうとき、あるいは決断を迫られたとき、人の脳裡によみがえってくるのは、自分が接した師匠や先達や肉親の言葉ではないでしょうか。

その言葉はある状況下で特定の個人に向けられたものなのに、往々にして万人に対する普遍性を持つものでもあります。今回、そうしたリーダーや先達たちについての文章を読んで感じたのは、そういうことです。

それはまさに激励であったり、警句であったり、叡智であったりと様々ですが、きっと心を揺さぶられるものがあるに違いありません。

読者諸賢が、よい言葉と出会われることを祈念する次第です。

編集部識す

リーダーの言葉力◎目次

第二部　肉親と先達が遺した言葉　77

第一部　私の師が遺した言葉

松下幸之助「鳴かぬならそれもまたよしホトトギス」

野田佳彦（元内閣総理大臣）

二〇一一年に、松下政経塾出身者として初の総理大臣となった野田佳彦氏（67、立憲民主党代表）。政経塾第一期生として、塾長・松下幸之助（一九八九年没、享年94）の謦咳《けいがい》に接した日々を振り返る。

一九七九年の秋、早稲田大学の四年生だった私は就職活動の真っ最中でした。元々はジャーナリスト志望だったのですが、就活中に様々な考えが生じていた私の目に「松下政経塾第一期生募集」という新聞広告が飛び込んできた。あの「経営の神様」が学校を創るのか、と興味を持って資料を取り寄せてみました。すると「一期生」ですからまだ過去の活動の写真もなく、すべてがイラストで紹介されている。その素朴な感じに夢を感じて早速受けに行きました。筆記試験、面接などを三回ほど経て、最終面接に進み、ついに松下さんとお会いする日が来ました。

緊張感に包まれながらノックして入室すると、ニコニコ笑いながら迎えてくださった。しかし、目は笑っていない。「すべて見抜いてやるぞ」と射貫くような目なんです。対座してみると、耳がやけに目立つ。大きく立派な耳が、こちら側を向いて立っている。「一言も聞き漏らさないぞ」と言っているようです。私も総理を経験し、実に多くの方々と面会してきましたが、ああいう目と耳を持った人物とは他に一度も会ったことはありません。

質疑では特に難しいことを聞かれたわけではありません。

「係累に政治家はいるか」

「いません」

「エエな。御実家はカネはあるか?」

「中の下ぐらいでしょうか」

「なおエエな」

僅か十分ほどのやり取りでした。何が「エエ」のか分かりませんでしたが、今思えば、地盤、看板、鞄がなくても若者が政治家になれるようにするのだ、というお気持ちの表れだったのかもしれません。

結局、一九八〇年春に一期生として入塾したのは男ばかりの二十三人。神奈川県・茅ヶ崎での共同生活が始まりました。当時松下さんは八十五歳でしたがまだまだお元気で、月に一度は泊まり込みで塾にいらっしゃいました。円卓で松下さんを皆で囲み、来し方、経営哲学、世直しの方法、国家観……ありとあらゆるお話を聞きました。その後、二期生、三期生と年を追うごとに二カ月に一度、三カ月に一度、と間遠になっていきましたから、一期生は実に恵まれていました。

ある時一人の塾生が、信長（「鳴かぬなら殺してしまえホトトギス」）と秀吉（「鳴かぬなら鳴かせてみせよう～」）と家康（「鳴かぬなら鳴くまで待とう～」）を引き合いに出して、「塾長は、どのタイプですか？」と尋ねたところ、即座に「私はどれとも違います。鳴かぬならそれもまたよしホトトギス」とお答えになり鳥肌が立ちました。

鳴かないホトトギスは、鳴かないままでも使い途、活きる場所がある、ということだったのでしょう。松下流の適材適所の経営哲学を見た思いがしました。

まず皿回しをする

塾長がお風呂に入る時は、交代で背中を流します。そんな時には政治や経営のことではなく、プライベートなことを聞いてみる機会もありました。私は一度、「夫婦円満の秘訣とは何ですか」と聞いたことがあります。一九一五年に結婚され、零細な町工場の時代から長年仲睦《むつ》まじく連れ添う有名なご夫婦でしたから。松下さんは、「一つだけ覚えておけ。誉めあうことだ」とおっしゃいました。不安を感じたり、悩んだ時には、経営の神様も、自らを最もよく知る奥様の誉める言葉に鼓舞されていたのか、と思いましたね。

またある朝には、部屋まで新聞を持って行くと、目が真っ赤だったことがあります。「どうしたのですか」と聞くと、「いや、昨夜はよくねむれんかった。日本の将来を思うと心配で、心配で」とおっしゃった。常日頃から真剣に日本の将来を考えていらっしゃるのが言葉の端々から伝わってくる方でした。

第一期生は二十三人中十九人が五年間の勉強を終えて一九八五年に卒塾。

その翌々年、私は千葉県議選に挑みました。しかし、無名の新人候補など誰も見向きもしてくれません。公民館でミニ集会をやろうと散々電話などで呼びかけたのですが、お客さんは一人。一対一で延々話をしました。そんな時、松下さんに「どうしたらいいですか？　人も集められず、このままでは当選できそうにありません」と相談すると、「ワシなら人がいっぱいおるところでまず皿回しをする。そして人が集まってきたところで話をする」とおっしゃった。なるほど、と思いました。私は皿は回せませんが、とにかく身体を張って物珍しいことをやろうと。

そこで毎朝、駅前で「十三時間マラソン辻説法」と銘打って街頭演説を始めました。毎朝七時から夜八時まで。雨が降ろうが雪が降ろうが毎日です。すると最後は津田沼駅に五百人もの人が集まってくれました。

人生には良き出会いもあれば、会わないほうがよかった出会いもある。でも、お会いしたことで責任が生じる出会いもあるのだと、最近益々身に沁みて感じます。

松下さんのような方が貴重な時間を割き、常に真剣に、親身になって相談に乗ったり叱ったりしてくれた。このご恩を返すためには、まだまだ頑張らなければいけないと思っています。

丸山眞男「歴史をつくるのは少数者だ」

三谷太一郎（政治学者）

戦後の論壇を牽引した政治学者・丸山眞男（一九九六年没、享年82）。日本政治思想史や天皇制を分析し「丸山政治学」を確立、独自の視点は多くの研究者に影響を与えた。東大で丸山の教えを受けた三谷太一郎・東大名誉教授（88）が綴る。

私にとって、丸山眞男は正式の指導教授のような制度上の師ではなかった。いわゆる「私淑《ししゅく》」の対象であった。今から六十年以上前、学生として著作や講義を通して丸山の学問に出会わなかったならば、私の学問人生はなかったであろう。

ふりかえってみると、丸山は私の制度上の師であった岡義武（丸山も昭和九年に学生として受講した政治史家）の門に導いてくれた人でもある。自己については寡黙であった岡義武の学者としての戦中の生き方について、丸山は特有の生き生きとした鮮明な記憶を通して、その真実を教えてくれた。「戦争中の岡さんは実にしっかりしていたな。周りがこのように戦争を支持しているのを見ると、ひょっとして、われわれの方が間違っているのじゃないかと思いますねと岡さんは話したことがあった」と丸山は戦中の岡を追想した。当時私は自分の戦争体験に省みて、そのような人がいたということは信じられないことであった。私はこのエピソードを通して、戦中の岡や当時の岡に共感していた丸山の学問への尊敬を深めた。丸山は他者を、その真の価値において理解しうる人であった。

丸山は同時代の読者たちの多くが認めたように、卓越した文章家であった。しかしその本来の能力（いわば天才）は、発信能力よりも受信能力にあったと思う。その発信能力は、天才的な受信能力に依存していた。丸山が傾倒したフランスの作家ロマン・ロランは、『ジャン・クリストフ』の中で、「天才たることの証拠の大半は、彼が身の周りに存在する立派なものなら、何もかも摂取することができ、摂取するとそれを更に立派なものにすることができるという事実に在る」と書いているが、その指摘は丸山について妥当する。丸山の高い他者理解能力もまた、抜群の受信能力の表われであった。

私がそれをつぶさに実感したのは、論敵と目されていた劇作家・英文学者にして評論家の福田恆存についての丸山の評価であった。彼らの間には、戦後の一時期、専門を越えて知的交流があったが、その後米ソ冷戦の進行と共に、講和問題等をめぐって政治的意見が分かれ、対立した。特に福田は丸山批判の急先鋒であり、それはしばしば辛辣を極め、挑戦的であった。

ある機会に、私は丸山に福田の批判についてどう思うかと聞いたことがあった。当然私は丸山の反批判を期待していた。ところが丸山の反応は全く意想外であった。逆に丸山は私に、福田の著作『近代の宿命』(昭和二十二年)を読むよう強く勧めた。そして「僕などもこれに大きな影響を受けた」と語った。結局丸山は福田に対する「反批判」は、何も語らなかった。私はその際、丸山の知的器量の大きさと他者理解の確かさを感じた。

「少数者の権利」の要請

私にとって最も忘れられない丸山のことばは、「歴史をつくるのは少数者だ」ということばである。私がそれを聴いたのは、丸山が旧制一高の生徒だった当時、唯物論研究会の講演会に参加し、特高刑事によって警察署に留置された体験を語った際であった。釈放されて警察署を出た時、丸山にとって衝撃的であったのは、警察署の内と外との対照的な世界の違いであった。警察署の「内」は内心の自由を拘束される孤立した「少数者」の世界であり、その「外」はいつもに変らぬさんざめく街頭の不特定の「多数者」の世界であった。このような青年期の体験は、実在するのは「少数者」であり、「多数者」はそれから構成される擬制に過ぎないという認識を丸山に定着させた。

したがって丸山は民主主義の問題を考える場合に、「多数者の支配」の要請から出発するのではなく、「少数者の権利」の要請から出発する。丸山にとって、「少数者の権利」は民主主義の第一原理であって、「多数者の支配」は諸々の「少数者」の積分によって導き出されるべきものなのである。五十年近く前に、私は丸山の論文集『戦中と戦後の間　1936－1957』の長文の書評を書いた際、それに「少数者の思想」という題名を冠したが、丸山はその題名を「非常に適切だ」と評価してくれた。

丸山の政治理論の基本単位が「少数者」であったとすれば、「少数者」の自由が圧殺された冷戦下の旧共産圏の現実は当然厳しく批判されなければならなかった。事実として丸山はプラハの春へのソ連の軍事介入や、天安門事件における中国政府に対しては、公然とこれを批判した。しかしそれは自国の権力に対する批判ほどに徹底したものではなかった。冷戦終焉後の丸山の感懐《かんかい》は、次のようなものであった。「僕はもう少し共産圏の現実を正面から批判すべきであった。それをしなかったのは、僕らの世代の責任だ」

丸山が描いた戦後世界のヴィジョンは、おそらく戦中の米国大統領フランクリン・ローズヴェルトが予定したような米ソ協調を基軸とする世界であった。丸山が米ソの「平和共存」を強く主張した理由はそこにあった。冷戦が平和的な体制間競争の結果としてではなく、ソ連の崩壊という形で終ったことは、丸山にとっては挫折感を伴うものであったかも知れない。

石原裕次郎「ようやくオレたちの仲間に入れたな」　峰竜太（俳優・タレント）

峰竜太氏（72）は、二十四歳の頃から石原プロモーションに所属。『西部警察』『大都会』などのドラマで頭角を現し、バラエティや司会へ活躍の場を広げた。銀幕のヒーローとして憧れていた石原裕次郎（一九八七年没、享年52）から、演技指導などは特になかった。学んだのは、もっと大切なことだったという。

僕が石原さんを師匠として語るなんて、怒られるんじゃないですか（笑）。しばしば義父の林家三平師匠に紹介されて石原プロに入ったと言われていますが、実は違うんです。僕が一九七三年に最初に所属したのは劇団「青年座」なんですが、そこからの紹介で、三年後の一九七六年に石原プロに移ったんです。石原さんや渡哲也さんも元々日活ですが、日活の新人は、青年座や民藝、俳優座などの劇団で演技のレッスンをする習慣があり、御縁があったようです。

石原プロの印象？　最初は「怖い」と感じましたよ、強面《こわもて》の方ばっかりで（笑）。

でもお付き合いさせていただくと、石原さんが大好きな方たちで作った会社ですから、仲間意識が強くて、温かく受け入れて下さいました。

石原さんに初めてお会いしたのは、『太陽にほえろ!』のロケ先です。撮影が終わってエレベーターから降りて来られるのを見たら、後光が差している感じがしましたよ。ご挨拶すると、いきなり言われたのは、

「おう、お前か。最近、泉ピン子と結婚したのは」

前年にカミさん(海老名美どりさん)と結婚していたのですが、石原さんがそれを勘違いされているのか、それともジョークなのか……聞き返すわけにもいかず、「違います」とも言えず、「ええ、そんなようなものです」とお答えするのが精いっぱいでした(笑)。その後、僕の浮気がバレてカミさんと一緒に記者会見した際には、成城のご自宅へ二人で伺って「お騒がせしました」とお詫びをしました。責められるかなと思ったら、「おう、ようやくオレたちの仲間に入れたな」とおっしゃった。あの冗談は、ものすごく気を楽にしてくれました。

僕は、神田正輝さんや舘ひろしさんと違って、俳優として売れませんでした。だか

ら石原さんにお目にかかる機会があっても引け目を感じてしまい、自分から話しかけることもできません。差し入れした米大福という和菓子を「これ、うめえなあ」と気に入ってくださり、大好きなハワイへも持って行くとお聞きして、空港までお持ちしたことがありました。そんな時に、「お役に立っている」と感じる程度だったんです。

ハワイに連れて行っていただいた時のことです。ゴルフ場のクラブハウスで「みんな、好きな物買っていいぞ」とおっしゃって、中にはここぞとばかりにクラブまで買う強者《つわもの》もいましたが、僕は遠慮していました。すると帰りがけに「おい竜太、何も買ってないじゃないか」と連れ戻されて、「美どりちゃんにはピンク。お前はブルー。お土産に持ってってやりな」と、ペアのセーターを選んで下さいました。ワイキキを歩いてホテルへ戻るときは、肩を組んでくれました。あの思い出は、一生の宝物です。

いつも石原さんはそんな風で、僕みたいに目立たない俳優やスタッフの一人ひとりにまで、細かい気遣いを欠かさない方でした。しかも、「奥さん最近どうしてる?」「お父さんは元気か?」と、声のかけ方にわざとらしさがないんです。話題をこちらへ寄せてくれるというんでしょうか、気を遣わずにすむように自然に仕向けるのが上手い。大スターになるとバランス感覚を失くす方も多いですが、石原さんは誰に対しても分け隔てがないし、何をやってもカッコよくてスマートで素敵でしたね。

渡哲也さんの涙

基本的にはお茶目な方です。僕が司会を任されたイベントでモノマネをお願いすると、勝新太郎さんの「俺たちゃな」という座頭市のセリフと、三船敏郎さんの「うーん、寝てみたい」っていうCMのマネを、必ず披露してくれました。お酒を飲んでも人の悪口は言わず、威張ることもなく、「俺は、芸能界では誰もヤッてないよ」なんて、まわりを和ませてね（笑）。

病状が一時的によくなってスタッフルームへお見えになったときにはみんな喜んで男泣きしたし、亡くなったあとに成城のご自宅でお棺を覆うとき、渡哲也さんが「社長～ッ！」と大泣きしたことも忘れられません。

レポーターや司会の仕事で僕がようやく忙しくなったのは、石原さんが亡くなった少しあとのことです。売れた姿をお見せできなくて残念でしたが、きっと後押しをしてくださったんだと感謝しています。

ただ、そういう僕の仕事の方向性は、映画やドラマの制作会社である石原プロとは違っていました。二十四年間お世話になりましたが、そんな理由もあって二〇〇〇年に独立したんです。

没後三十数年ですが、亡くなったのが五十二歳とは早すぎます。大スターって、全速力で一生を駆け抜けるんですね。あの頃「ああいうふうにならなければいけないんだな」と感じたことの意味が、自分がこの歳になってみると、よけいに身に沁みてわかりますよ。

井上ひさし

「僕は選考委員を降りないといけない」

野田秀樹（劇作家・演出家・役者）

放送作家、小説家、エッセイストなど多方面で活躍した井上ひさし（二〇一〇年没、享年75）。中でも劇作家としては、晩年まで戯曲を発表、日本劇作家協会初代会長を務めるなど、後進の育成にも積極的に関わった。長年、井上氏と共に岸田國士戯曲賞の選考委員を務めた野田秀樹氏（69）が、大先輩との思い出を語る。（注・本稿は二〇一七年六月に発表された）

実は、僕が実際に「お師匠さん」と呼んでいたのは演出家の蜷川《にながわ》幸雄さんでした。蜷川さんはビジュアルに対する感覚が圧倒的に優れていた。僕は舞台の演出もしているので、蜷川さんの作品を見て「お師匠さんすごいね」と偉そうに本人に言ったのがそう呼ぶようになった切っ掛けです。一方で井上さんを、劇作家として「師匠」と呼ぶのはちょっとおこがましい。でも勝手に教わったことがたくさんある、「偉大な先人」でした。

演劇をやっていた高校生のときに読んだ『日本人のへそ』は、ストリッパーは出てくるわ、言葉遊びは偏執的なまでに徹底しているわで、とにかく衝撃を受けました。やがて劇作家の仲間入りをしてから『小林一茶』を読んで、その文学性や、駄洒落や回文、歴史上の人物の読み替えなど、すべて先にやられてしまっていることに圧倒された。井上さんが扱う歴史や言葉遊びの裏には、膨大に読み込んだ資料があります。ただ思い付きを待っている僕などが敵《かな》うわけがなかった。

最近も江戸時代を舞台にした僕の『足跡姫　時代錯誤冬幽霊《ときあやまってふゆのゆうれい》』で、腑分けをするシーンを入れようと考えていたんです。でも「あれ？　井上さんも『表裏源内蛙合戦』で書いていたかも」と読み返したら、案の定出ていました。腑分けというある種タブーに近く、これまでほとんどの劇作家が書いてこなかった物事を、五十年近く前に井上さんは書いていたんです。それで僕は腑分けのシーンそのものを入れるのを止《や》めました。

よく井上さんのことを〝風刺作家〟と呼ぶ人がいますが、そんな安っぽい名前に収まる才能ではありません。〝悪意の作家〟と言ってもいいぐらい、何人もの悪党の生きざまを描いて来られた。その最たるものが『藪原検校《やぶはらけんぎょう》』。この作品では、不幸な生まれの醜い盲目の主人公が、人殺しなど数々の悪行に手を染め、最後には捕らえられて処刑されてしまう。なぜこんな人物を主人公にしたのか。恐らく井上さんは、悪意のある人物を通して、人間や社会のあり方を描こうとしていたのだと思います。綺麗事ばかりを描くのを良しとする社会で、リスキーな試みだったと思いますが、それを見事にやってのけている。

ご自分で「遅筆堂」というペンネームを使われるぐらい、原稿が遅いことで知られていました。台本が舞台の初日に間に合わないなんてこともあった。でもこれは井上さんが〝作家〟だったからだと思います。僕は演出や俳優もしているので、現場の気持ちが分かる。だからとにかく台本が遅れないように、遅れないようにと考えてしまうのです。ところが井上さんは作家だから現場は関係ない（笑）。絶対に妥協しないんです。でもその作家魂があったからこそ井上さんの作品は残っていて、何度でも再演されているんです。

若者に優しかった

ご本人とよくお話しするようになったのは一九九二年、井上さんも務められていた岸田賞の選考委員になってからです。

若者に優しい方でした。ある選考会で井上さんと意見が真っ向からぶつかったことがありました。一九九七年の松尾スズキの作品についてだったと思います。漫画のフキダシのようなセリフに対して、井上さんが「これが岸田賞を取るようになったら、僕は選考委員を降りないといけない」とおっしゃった。それで選考会は静まり返ってしまいました。井上さんが「降りる」とまで言っているんですからね。でも僕も委員の中で一番若かったから、「こうした作品に賞を取らせるために僕が選考委員に入ったのだと思います」と一か八かで言い返した。すると井上さんは僕の意見を尊重してくれて、松尾の作品が受賞しました。いま僕も若い劇作家に優しいつもりなのですが、それは井上さんの影響です。

常に後進のことを気にかけていました。新宿に芸能花伝舎という芝居の稽古場があります。もとは小学校だったのですが、井上さんのご尽力で出来たものです。岸田賞を発表していた『新劇』という雑誌が無くなったときも、「演劇の雑誌を持たないとダメだ」と『せりふの時代』を創刊されました。日本劇作家協会も設立し、初代会長を務められた。

僕も、「自分だけが上の世代からの恩恵をいただいて、後進に何もしないのはダメだろう」と改めて思うようになりました。古くて使いにくかった東京芸術劇場の改修工事を含めて、その芸術監督を引き受け、ずっと入っていなかった日本劇作家協会にも加入しました。

いまでも印象に残っているのですが、亡くなる数年前のある選考会で「僕が使っていたものなんだけど、どうぞ」と井上ひさしの銘が取っ手に入った小刀をいただきました。前の年に「あ、野田さんは鉛筆なんだね」と聞かれて「はい」と答えたのを覚えていてくださったのだと思いますが、もう突然で（笑）。ご本人にどういった意図があったのかは分かりませんが、鉛筆を削り身を削り、心を研ぎ澄ませ、そんな励みの小刀に思えました。言葉遊びでお返しするならば「座右の銘刀」としていつも仕事場の傍らにあります。

田部井淳子

「エベレストも登りたくて登っただけよ」　市毛良枝（俳優）

二〇一六年十月、がんとの闘病の末に七十七歳で永眠した登山家・田部井淳子。一九七五年に女性としてエベレストに初登頂を果たし、その後も世界七十カ国以上の最高峰に登頂するなど人生をかけて山を楽しんだ。登山を趣味とし、山を通じて田部井と長年親交のあった俳優・市毛良枝氏（74）が、秘話を明かす。

田部井さんと初めてお会いしたのは三十三年ほど前、あるテレビ番組のロケでした。箱根旧街道の石畳の道を歩きながら田部井さんにインタビューをするという企画で、四十代になって登山を始めていた私がお相手に指名されたのがキッカケです。

あの田部井淳子に話が聞けると意気込んでいたのですが、いざ始まるとすっかりうち解けた雰囲気となって、まるで私の人生相談のようになってしまいました。登山に関しての疑問はもちろん、人生相談のような質問に対してもポロポロと名言が返ってくる。そのなかで今も胸にしっかり刻まれている言葉があります。

「自分がやりたいと思うことは、やろうとさえすれば何でもできる。『やりたいけどできない』と言い訳している人は、本当にそのことをやりたいわけじゃないのよ」

当初は「そうは言っても田部井さんは特別な人だから」と、ややひかえた受け取り方をしていたのですが、時間が経つにつれてその意味を実感できるようになりました。

四十歳で登山を始めた当時、周囲からは「女優なんだから山であまり日焼けするな」「脚を折ったらどうするんだ」と耳にタコができるほど言われ、隠れるように登っていました。でも、どんどん山が好きになってくると、自分の中で「仕事をするのも山を歩いているのも私なんだ」と開き直り、山に行きたい気持ちを隠すことがなくなっていった。「太陽が出てるんだもの、日に焼けるのはしょうがないよね」って(笑)。意識して田部井さんの背中を追いかけたつもりはないのですが、一年に一、二度は一緒に山にも行くようになり、「チャーミングだな」「素敵な人だな」と思い続けているうちに、自然と考え方が似たのかもしれません。

田部井さんは私たち女性に勇気を与えてくれた存在でもあります。自分では「エベレストも登りたくて登っただけよ」と言っていましたが、当時は「女が大学に入ったら嫁にいけなくなる」「女は就職なんてするもんじゃない」という時代。私は十歳ほど年下ですが当時の空気感はよくわかります。女性が社会から有形無形の圧力をかけられている中で、子供を生んだお母さんが、自分でお金をやりくりしてエベレストに登った。「おてんば娘がえらいこっちゃ！」と顔をしかめる人もいたでしょうが、自分の意志を貫く田部井さんの存在は私を含めた多くの女性の背中を押したはずです。

しかも「世界初」とメディアでもてはやされても、まったく偉ぶらずに、普通のおばさんであり続けました。偉い政治家や経営者の前でも臆せずにフランクでしたし、海外の国家元首と会っても「マイ・ネーム・イズ・ジュンコタベイ！」と元気よく握手する。そうかと思えば登山用の下着と山菜や蕗味噌を一緒に送ってきて、「普通の人は下着と食べ物を一緒に送らないんだよ」と私にたしなめられたりする（笑）。そんな飾らない人柄こそが、誰からも好かれる彼女の魅力でした。

神室山での大宴会

急にメールで「今から来ない?」と呼び出された立山、同行者が高山病になったネパール、八十歳を超えた私の母を誘ってくれた安達太良《あだたら》山など、田部井さんとの山の思い出を語りだしたらキリがありません。

そのなかでも印象的なのが、二〇一五年七月、最後にご一緒した山形・秋田県境の神室山《かむろさん》です。知名度は低いのですが、山深くてスケールが大きく、二泊三日の縦走が楽しめる山域です。闘病中だった田部井さんの歩くペースはゆったりで、「私を待たないで」と夫・政伸さんと最後尾を歩いていました。私たちもキツいなと思うような山道でも足取りはしっかりしていて、私も「都会だと歩けないとか文句言っているのに山だと歩けるんだね」なんてからかっていたくらいです。

以前からずっと神室山に行きたいと考えていた田部井さんは、地元山岳会の方々と仲良くなっておられて、この時は彼女をもてなそうと大勢の人が名乗り出てくれました。彼らは大量の食糧や水、お酒を山の上まで担ぎ上げ、私たちが泊まった避難小屋は居酒屋のような雰囲気に。田部井さんは大宴会の中心でニコニコしていましたが、いま振り返ると、日本中に山仲間を持つ彼女の人柄と行動力が、人と人を結びつける様子を最後まで見せてもらったような気がします。

田部井さんはエベレスト登頂という実績だけでなく、全国に田部井ファンを持つほど求心力があり、山のトイレの問題などでも地道に活動を続けてきました。彼女がいなかったら日本の山を巡る状況はずいぶん悲惨なものになっていたかもしれない、と思ってしまうほどです。

その役割を引き継げる人が、すぐには見当たらないのが山を愛する人間としてやや不安でもあります。私は実績と呼べるような山での経験は持っておらず、とても代わりは務まりません。それでも、田部井さんの山に対する深い愛情を引き継ぎ、微力ながら山に恩返しをしていこうと思っています。

後藤田正晴 「けしからん！ これじゃ、政治にならん」

的場順三（元内閣官房副長官）

〝カミソリ〟と異名をとった後藤田正晴（二〇〇五年没、享年91）との出会いは、一九八三年、的場順三氏（90）が大蔵省（当時）の主計局次長のときだった。初対面の強烈な印象と、その後も長く続いた親密な関係を的場氏が語る。

当時、後藤田先生は第一次中曽根康弘内閣で官房長官でした。中曽根政権は「増税なき財政再建」を掲げており、私は大蔵省で公務員給与の引き下げ問題を担当していました。そこで先生のところに相談に伺うと、いきなり一喝されたのです。

「公務員が楽しみにしている給料を下げるなんて言うやつは、地獄に行け！」

私が返答に困って「いつでも喜んでお供いたします」と言うと、「地獄に行くのはお前一人だ」と再び雷が落ちました。しかし、最終的には先生がバランスの取れた実施案を提示して下さいました。

そして後藤田先生が中曽根内閣で二度目の官房長官になられた一九八五年、内閣官房の内政審議室長として仕えることになりました。

ある日、先生に呼ばれて部屋に入ると、また怒鳴られました。

「おい、君。けしからん！ これじゃ、政治にならん」

第一声が「けしからん！」から始まるのには、もう慣れていたので、「何がでしょうか？」と聞くと、

「銀行の融資が不動産に集中しすぎている。これでは地価が高騰して、国民がマイホームを持てなくなるのではないか。国民が一家団欒できる生活を守るのが政治の役目だ」

この指摘がきっかけで地価対策関係閣僚会議が設置され、バブル退治が始まりました。旧内務省、警察出身の先生ですが、経済面にも目を光らせていて感服しました。

ただ、この時は銀行のほうが一枚上手で、住宅金融専門会社（住専）という抜け穴を設立して、その後も不動産に迂回融資を続けたのは、ご承知の通りです。

後藤田先生は役人の使い方を知り尽くし、政治家としての胆力に優れた方でした。

非常に勉強になったのは、「前川レポート」を巡って自民党の政務調査会と揉めたときです。前川レポートとは、前川春雄元日銀総裁が座長を務めた研究会が、対日貿易赤字の縮小を求めるアメリカへの対策として、内需拡大を提言した報告書のことです。

農業関係など党の政調審議会にかければ難儀することが予想されたので、根回しもそこそこに、八六年に中曽根総理が訪米してレーガン大統領に内容を説明しました。総理の帰国後に党の政審にかけると案の定、「党の正式な機関決定がないのに、けしからん」と藤尾正行政調会長にこっぴどく叱られました。バッジをつけていない役人の私を怒鳴っても仕方ないのですが、藤尾さんの怒りは収まりません。

後藤田官房長官に報告すると、

「よし、ワシがいっぺん行こう」

と、ようやく重い腰を上げて下さいました。

藤尾さんは官房長官を前にしても、不満をぶちまけ続ける。それをひとしきり黙って聞いていた先生は、突然ドンッと机を叩くと、

「一国の総理と大統領が約束した事実はあるんだ。いまさらそんなことを言っても手

遅れだ！」

そう言って席を立ってしまった。藤尾さんは呆気にとられ、これで一件落着でした。役人の私を使って、ガス抜きを十分にすませてから、一喝して終了。これが政治家の仕事なのだ、と仰ぎ見る思いでした。

ディズニーランドへの助言

先生との師弟関係は、私が一九九〇年に役所を退いてからのほうが濃密になりました。麴町にあった事務所に呼ばれて経済情勢の説明をしたことが何度もありました。また、先生がとても楽しみにしておられた会合にもお供しました。

三井不動産の社長だった江戸英雄さん、東京ディズニーランドの実質的な創始者の高橋政知さん、当時、オリエンタルランド社長の加賀見俊夫さんたちとの会合で、年に数回、銀座の料亭で開いていました。

江戸さんは水戸高校での後藤田先生の先輩にあたり、後援会の会長も務められていりました。江戸さんの前で、かしこまっている先生を見るのは、貴重でおかしくもありました。

「後藤田君、九十を過ぎると、体が弱るな」と江戸さんに言われて「ハァ」とだけ先生は答える。後で「ああいうのは、返答に困るな」と話されていたのが印象的でした。

この会合はディズニーランドが開園前に生みの苦しみを味わっていたころ、先生に助言を求めたことから始まったようです。会合では「いかにゲストを飽きさせずに行列で待ってもらうか」「一カ所に何人くらい入るとパニックになるのか」などの議論もかわされ、まさに「賢人会」だなと思ったものでした。

強面のイメージからすると意外かもしれませんが、先生はディズニーランドのようなテーマパークが日本に根付くのか、大変関心を持っていました。ディズニーランドの開園式も、ディズニーシーのオープニングの際も、万難を排して駆けつけておられました。

先生から「実は内務省ではなく満鉄に入社したかった」と聞いたことがあります。満鉄の入社試験に行くと、当時は東大と京大で受験日が分かれていて、東大の試験は終わっており、やむなく諦めたそうです。

ディズニーランドと満鉄。規模は違えど、先生は新しい時代や世界に夢や憧れを秘めておられたように思います。生きていらしたら、昨今の内外政治及び、社会状況をどのように判断されるのか、ぜひ伺ってみたい。常にそう思わせるのが、後藤田先生という私の師匠です。

やなせたかし

「天才であるより、いい人であるほうがずっといい」

梯久美子（ノンフィクション作家）

『アンパンマン』シリーズで知られる、絵本作家で詩人のやなせたかし（二〇一三年没、享年94）。やなせの下で編集者として働いたノンフィクション作家の梯久美子氏（63）が、優しい〝先生〟との思い出を綴る。

私が心から「先生」と呼べる人を持てたのは、就職のため上京し、右も左もわからない東京で、必死で生き始めたときだった。

上京二年目の一九八五年、私は『詩とメルヘン』という雑誌の編集者になった。編集長はやなせたかし氏。亡くなって三年半になる今も（注・本稿は二〇一七年六月に発表された）、仕事で難しい問題にぶつかると、「やなせ先生、どうしたらいいでしょう」と心の中で問いかける。

『詩とメルヘン』は、詩人でもあったやなせ先生が、一九七三年から三十年間にわたって編集長を務めた雑誌である。読者が投稿した詩や童話に一流の画家が絵をつける。イラストレーター志望者のためのコンクールもあって、すべて先生が選をしていた。さまざまな詩人や作家、画家を輩出したが、多くの編集者もここから育った。その一人であることは、私の誇りである。

若くて無名で貧乏で、何かになりたいというこころざしを持った人に、先生はやさしかった。芽が出た人も出なかった人もいるが、先生は、きらめく才能よりも一生懸命さを大切にした。「ヘタも詩のうち」「天才であるより、いい人であるほうがずっといい」と、よくおっしゃっていた。

詩の選をし、表紙やカットを描き、特集記事やルポを書き……と八面六臂《はちめんろっぴ》の活躍で、しかも締め切りの一週間前にすべて完成させてしまう。大正生まれのモダンボーイだから野暮なことがきらいで、怒ったり声を荒らげたりしたところを一度も見なかった。

三十代を前にフリーになった私に、ある出版社から絵本の編集をしないかという話がきた。ずっとやりたかった待望の仕事である。人脈のない私が頼れるのはやなせ先生だけ。おそるおそる頼みに行くと、「いいですよ」と快諾し、「いねむりおじさんとボクくん」という新しいキャラクターを考えてくださった。完成した絵本は好評で、第二弾も刊行されたが、しばらくしてその会社はつぶれ、絵本は絶版になってしまった。

できたばかりの小さな出版社だった。今思えば、この世界で長く仕事をしてきた先生は、そういうことになるかもしれないと、どこかで思っておられたのではないだろうか。それでも独立したばかりの私に仕事の場を与えるために、引受けてくださったのだと思う。

作品が絶版になるのは作家にとって最もつらいことだ。もし私だったら、責める気はなくても、「会社、つぶれちゃったね」くらいは言いそうな気がするが、先生は一切何もおっしゃらなかった。

四十歳を過ぎた私が初めての本で賞をもらうと、先生は喜んで、雑誌の対談に呼んでくださった。その本が、太平洋戦争末期の硫黄島の戦いをテーマにしたものだったことから、先生の戦争体験に話が及んだ。先生の弟さんが京都帝大を繰り上げ卒業して海軍予備学生となり、駆逐艦「呉竹」の乗員として戦死したことを、その時初めて知った。

　先生の没後、「アンパンマン」の版元の出版社から子供向けの伝記を頼まれ、『勇気の花がひらくとき　やなせたかしとアンパンマンの物語』という本を書いた。その取材で先生の生い立ちをくわしく知ることになった。

　五歳で父を亡くし、母は再婚。戦死した弟さんは、親類の家でともに育った、たった一人のきょうだいだった。いつも明るくユーモアたっぷりだった先生が、ときどき寂しげに見えた理由を垣間見た気がした。

　先生自身は、製薬会社でデザイナーをしていた時に召集され、中国大陸に送られた。戦争末期には食料が不足し、飢えに苦しんだ。正義のための戦いだと信じて耐え、死も覚悟したが、戦争が終わってみると、自分たちがしたことは侵略だったと言われた。

　ならば相手は一方的な正義だったのか。そうではないはずだ。状況によって正義は逆転する。では逆転しない正義というものがこの世に存在するのか――。考え続けてたどりついたのが、「飢えた子供に一切れのパンを与えること。少なくともそれは、ひっくり返ることのない正義であるはずだ」ということだった。

武器を持たず、飢えている人に自分の顔を食べさせるヒーロー、アンパンマンはこうして誕生した。そこには「正義には自己犠牲がともなう」というメッセージも込められている。最初の頃、大人たちから「顔を食べさせるなんて残酷だ」「気持ち悪い」と言われたアンパンマンは、子供たちの絶大な支持によってスターになった。

晩年のやなせ先生は、がんなどの病気で十回以上も手術を繰り返し、引退を考えていたが、そんな矢先に東日本大震災が起こった。先生はすぐに被災地の子供たちにアンパンマンの絵とメッセージを贈り、翌年には復興をテーマにした映画を製作した。やなせ先生が弟をうたった詩に「なぜぼくだけが生きのこり／なぜぼくだけがここにいる」という一節がある。戦時中に最後の面会をした時、弟さんは「ぼくはもうすぐ死んでしまうが、兄貴は生きて絵をかいてくれ」と言ったそうだ。その言葉どおり、九十四歳で亡くなる直前まで、先生は被災者のためにアンパンマンを描き続けた。

こうしたエピソードを没後に知り、改めて、やなせたかしという人と出会い直した気持ちになった。幽明の境を異にしてからも、師から学ぶことは多い。

吉本隆明 「いつでも僕の家に遊びにきてください」

糸井重里（「ほぼ日」代表取締役）

二〇一二年に八十七歳で亡くなった、評論家・詩人の吉本隆明。文学者の戦争責任や知識人の欺瞞を指摘し、数々の論争を巻き起こした戦後日本を代表する思想家でもある。三十年以上にわたり家族ぐるみでつき合い、「吉本塾の門前の小僧でした」と語る「ほぼ日」の糸井重里氏（76）が貴重な思い出を明かす。

吉本隆明さんとの出会いは高校時代でした。昭和三十年代当時、高校生は時代の空気に染まろうと背伸びをする傾向があって、政治と芸術運動を巡る「吉本花田論争」について同級生と議論したりしていました。僕も感化され、吉本さんの『芸術的抵抗と挫折』を読んだのですが、かなり難しい本だったためか、そのときは花田清輝のほうが圧倒的に面白く感じた（笑）。ちゃんと読者を笑わせてくれるところが高校生には響いたのかもしれません。

その後しばらくは「すごい人」として僕の頭の引き出しの中に入っていただけでしたが、一九八〇年代に僕が雑誌などで文章を書き始めると、吉本さんが消費社会やマスメディアを論じた著書の中で僕のことに言及してくれるようになりました。最初に読んだ時は、あのヨシモトリュウメイの本に自分の名前が出てきたのでビックリしましたね。

そんなご縁もあり共同通信で初の対談の企画が持ち上がったのですが、実はお会いしただけで対談は中止になってしまった。当時、吉本さんは著名人の核兵器廃絶の署名運動に対する違和感を表明したことで、多くの論客やメディアを敵に回しており、僕を気遣ってくれたんです。

「こんな暴風雨の中で話をするのではなく、晴れた日に改めて会いましょう。いつでも僕の家に遊びにきてください」

その言葉を真に受けた僕は、吉本さんのご自宅に定期的に通うようになり、吉本塾の〝門前の小僧〟になりました。波長があっていたのか、論敵の多かった吉本さんにもめんどくさがられることなく（笑）、次女の吉本ばななさんたちと一緒に旅行に行ったり、親戚みたいな関係になりました。僕にとっては〝普通のおじさんだけど宝物〟のような存在でしたから、仕事で知り合った若い人に「こんな人がいるんだよ」というのを見せたくて、吉本さんの家に連れていき、あれこれ相談に乗ってもらったこともあります。

お付き合いする中で一番驚いたのは吉本さんの視線がとにかく低いということ。単に相手を慮るということではなく、人より低い地点から考えることが体に染みついており、常に「ふつうの人のふつうの暮らし」に対する敬意がありました。一九六〇年代に進歩的知識人を批判した頃から変わらず、自分が「生活人」であることを意識していた、とも言えるかもしれません。

そして生活人の立場から、晩年まで「自由」について考え続けていました。一九八四年に吉本さんが有名ブランドの服を着て女性誌に出ると、ある作家から「貧しい国の労働者が作った資本主義のぼったくり商品を着ている」と批判を受けたのですが、吉本さんはそうした、社会を息苦しくさせる声が大きくなることを危惧し、抵抗してきました。食べる、着る、笑う。そういった普通の人の自由な喜びをとにかく認めなさいと最後まで一貫して主張されていました。

糖尿病なのに宅配ピザ

膨大な時間を一緒に過ごしたため、吉本さんから何を学んだかを絞るのは難しいですが、あえて言えば「言葉」と「言葉の奥にあるもの」をセットにする、という態度かもしれません。吉本さんは口先だけの発言をせず、ひとつの言葉がどうして生まれているのか、他人の発言の裏にはどんな考えがあるのかをとことん追求して、その人を見定めようとしていた。常に言葉を通じて、人を見ていました。僕もそれにならって、言葉が出てくる前の根っこを見つめようとしてきました。

先日、長女で漫画家のハルノ宵子さんに「糸井さんは父とずっと同じ距離感で付き合ってくれた」と言われました。でも、それは吉本さんのお話が面白かったからです。文京区のご自宅に伺うと、糖尿病なのに宅配ピザを注文してくれ、届くのを待つ時間も、食べるときも、吉本さんは楽しそうに三時間でも四時間でもずっとしゃべってくれました。

だから僕の思考の中には吉本さんの言葉のストックがいっぱいあって、無意識で真似をしていることもあります。講演などでも吉本さんから聞いた言葉をあたかも自分の考えのように話して、最後に「〜と、吉本さんに聞きました」と付け加えることがけっこうあります（笑）。

「ほぼ日」のウェブサイトでは吉本さんの百八十三本の講演を無料で聴けるようになっており、生の思想家の声に触れられます。吉本さんも僕も「無理のない範囲でお互いの役に立ちたい」と考えてお付き合いをしてきましたが、これからも様々なかたちで吉本さんが考え抜いて発していた言葉を世に伝え続けていくつもりです。

蜷川幸雄「あとは君たちの演技だけだ」

鈴木杏（女優）

二〇一六年五月、八十歳で亡くなった演出家・蜷川幸雄。『NINAGAWA・マクベス』をはじめとするシェークスピア劇などで国際的な評価を受け、「世界のニナガワ」と称された。十代の頃から数多くの蜷川作品に出演し、その薫陶《くんとう》を受けた女優・鈴木杏さん（37）が振り返る。

世の中のイメージ通り、蜷川さんは本当に厳しい人でした。私も稽古場で何度、悔し涙を流したことかわかりません。

最初にご一緒した舞台作品は『ハムレット』（二〇〇三年）。十六歳のときのことです。私はこの直前に『奇跡の人』のヘレン・ケラー役で初舞台を踏んでいましたが、このときは台詞がなかった。なので、台詞の言い方や発声、強弱の付け方やリズムといった、舞台女優としての基礎的な部分を徹底的に叩き込んでくれたのは、蜷川さんでした。

同時に、役者をとにかく精神的に追い詰めるのが、蜷川さんの指導法です。怒鳴り声や威圧感で、とにかくプレッシャーをかけていく。「ヘタクソ」、「学芸会か」、「不感症」……、ぶつけられた言葉を挙げればきりがありません。私の感情を引き出そうと、共演していた藤原竜也くんに「竜也！　突き飛ばしちゃえ！」と怒鳴ったこともありました。優しい竜也くんは困って、遠慮がちに突き飛ばしてくれましたが（笑）。男性の場合はもっと過酷で、髪を引っ張られたり、洗濯ばさみで体を挟まれたりしている俳優さんもいました。

でも、追い詰められて精神が極限状態になったとき、初めて出てくる声があるんです。

舞台というのは、喜怒哀楽の感情を、普段の何十倍、何百倍にまで増幅させて表現しなければ、見ている人には伝わりません。蜷川さんはいつも、「私」という殻《から》をゴンゴンゴン！　と叩き割って、中から私のむき出しの感情を引きずり出す。それは役者にとって、痛みを伴う大変な作業です。だけど、そこでは必ず、いままで知らなかった自分に出会うことができた。それに、うまくいくと、蜷川さんが褒めてくれた。

その笑顔が見たくて、ただひたすらに頑張ることができました。

プレッシャーのかけ方は、怒鳴るだけではありません。蜷川さんの舞台では、最初の稽古から本番さながらの衣装やセットが用意されていました。『ロミオとジュリエット』（二〇〇四年）では、三階建ての壁にモノクロの顔写真が一面に張り巡らされたセットが話題になったのですが、これも最初から完成していた。私たちが圧倒されていると、蜷川さんはニヤリと笑って「どうだ、カッコいいだろう。あとは君たちの演技だけだ」。そうやって役者に発破をかけるのも蜷川さんのやり方でした。

青い炎が燃えている

いま振り返ると、蜷川さんが一番追い込んでいたのは自分自身だったように思います。稽古が終わって家に帰ってからも、本を一冊読み切ってしまう。常にアンテナを張り巡らせ、貪欲に吸収し続けている人でした。私もそれに倣《なら》って、演劇をたくさん見て勉強しようとしたら「頭でっかちになるからダメだ。どこかの劇場で会ったら首を絞めてやるぞ！」と言われてしまったのですが……。

本番前に、誰より緊張していたのも蜷川さんでした。二〇一〇年の『ムサシ』ロンドン公演でのこと。初日の朝、私がホテルのレストランで共演者の勝地涼くんと一緒にご飯を食べていると、同じホテルに泊まっていた蜷川さんがふらりと現れたんです。蜷川さんは私たちを見るなり「へぇ。おまえら、朝メシ食える余裕あるんだ」と言って、別のテーブルに行ってしまった。そのときは「朝ご飯くらい食べたっていいじゃん！」と思ったものですが（笑）、それだけ自分を追い込んでいたのでしょう。いつも青い炎が燃えているかのような、ヒリヒリした空気をまとっていました。

亡くなった後に放送されたドキュメンタリー番組で、蜷川さんはこうおっしゃっていました。

「できない悔しさや、認められたいという気持ちに向き合っていなければ、上手くはならない。自分の感情から逃げるな」

感情をさらけ出すのはエネルギーも必要だし、傷つくことも多い。だけど蜷川さんはむき出しの状態のまま、苦しんだり葛藤したりしながら、舞台を作り上げてきた。

改めて、蜷川さんの精神力には驚くばかりです。いまでも、精神的に張り詰めた役柄を演じるときには、録画してあるこの番組を見て、ヒリヒリしていた蜷川さんの姿を思い浮かべます。

もう叶うことはありませんが、蜷川さんに、これから中年になっていく私を見てほしかった。三十代、四十代になって、体つきも心も変化していく私を見て、徹底的に叩きのめしてほしかった。いまだにふと、そんなことを考えるんです。

司馬遼太郎「昆布の味しかしないねえ」

村木嵐（作家）

天正遣欧少年使節の帰国後を描いた『マルガリータ』で二〇一〇年に松本清張賞を受賞した作家の村木嵐さん（57）は、晩年の司馬遼太郎（一九九六年没、享年72）のもとで住み込みのお手伝いさんとして働いていた。村木さんの作家デビューには、司馬夫妻の後押しがあったという。

司馬先生から「毎日、日記をつけなさい」と言われ、その日の出来事や先生がおっしゃった言葉を書き留めていました。先生のお宅で働き始めたのは、一九九五年十一月。亡くなったのは翌年の二月ですから、三カ月の短い間です。それでもノート二冊になりました。

いまになって読み返してみると、小説の書き方など、いろいろ話してくださっていたことに気づきます。

「小説は物理とか数学と違って、妄想から出発する。しかし妄想に秩序がなければ、誰もついてきてくれない。うっそうとした森にも森としての秩序があるし、どんな森でも小道がついている。小道のない森には、誰も付き合ってくれない。それが小説というものなんだ」

「リンゴの絵だけ上手に描いても、小説は成り立たない。周りの風景や背景を描き込むことが、小説の構成力になる。『モナ・リザ』は例外で、ダ・ヴィンチが描いた絵だとわかっているから、女性の微笑みだけで成立するんだよ」

「小説は、文章の上手い下手ではなく、構成力が大切だ。いつもお腹の中で考える癖をつけなさい」

「どんな作品を書くか本人にもわからないし、ほかの作家にもわからない。わかってしまうと、三島由紀夫のように自殺するしかないからね」

「作家の席が二百あるとして、ひとり亡くなったからといって、泉ちゃんが代わりに座ることはできない。その席は永久欠番だから、二百一番めの席を自分で作らなくちゃいけないんだよ」

泉は私の本名です。当時は自分が作家になるなんて思ってもいなかったので、こうした言葉の意味がまったくわかっていませんでした。

私は小学校六年生くらいで『竜馬がゆく』を読んで司馬作品のファンになり、全集も買って読んでいました。先生のお側で働きたいと思い、電話帳を調べたらご本名で載っていたので、かけてみたんです。みどり奥様に「それなら手紙を書いて送って」と言われ、自転車を押しながら歩いていて田んぼに落ちた失敗談を近況として書きました。あとで奥様から言われたのは、「何もかもよくわかった。満点に近い手紙だった」。

さつまいもの〝余談〟

ところがお手伝いさんとして勤め始めると、失敗ばかりで、まるで役に立ちません。貴重な古い壺にハタキをひっかけて、取っ手を割ってしまったり。先生は本当に優しい方で、「気にすることないよ。土の中で取れるか、いま取れたかの違いだけだよ」と慰めてくださいました。

でもお料理の手際が悪かったのは、先生にも責任があります（笑）。たとえば、さつまいもをバターで焼いたのがお好きだったんですが、焼いている途中で「さつまいもというのはね」と〝余談〟をなさるんです。つい聞いてしまって、手がお留守になるじゃないですか。それでお出しするのが遅れてしまうんですが、ずっと待っていて下さいましたね。

大みそかには、奥様ともう一人のお手伝いさんと三人で、ワインを七本半も空けてしまいました。元日の朝、料理上手なその彼女がお雑煮を作るはずだったのに、どうしても起きられません。仕方なく私が作ったところ、先生はニコニコしながら「昆布の味しかしないねえ」とおっしゃいます。カツオ節を入れるのを、忘れていたんです……。

物をいただいた際のお礼状やお見舞いなどの手紙を代筆するのが、私の仕事のひとつでした。毎日二十通以上書いていたのですが、出す前に奥様に見ていただくうち「泉ちゃんの手紙は面白い。小説を書いてみたら」と勧められるようになりました。用件だけの手紙にならないように、相手が知りたいであろう司馬先生や奥様の近況を書き添えていたのが、受けたのかもしれません。

先生からも「書いて来なさい。読んであげるから」と言われ、童話を書いてもっていくと「構成がきちんとできている。ちゃんと書けているから、このままやりなさい」と励ましてくださいました。

先生が亡くなったあとは奥様の個人秘書として十八年働きました。その間も「小説の道へ進んでほしい。泉ちゃんは、変なところが司馬さんにそっくり」と言われ続けました。

松本清張賞をいただいたとき、「泉ちゃん、ありがとう」と言ってくださったことが忘れられません。その意味は、司馬先生ご夫妻の苦労や喜びを理解できる位置に、少し近づいたことに対してだったのかなと思います。これからもっと、気づけることがあればいいいと思っています。

二〇一四年に亡くなった奥様は、私のことをムラ気が多くて乱れっぱなしだと言って「ムラ気乱子さん」と呼んでいました（笑）。ペンネームはそこからです。

奥様と、こんな会話をして笑ったことも思い出します。

「司馬先生が生きておられたら、自分の本より私の本が売れて欲しいと言ってくださったでしょうね」

「絶対そんなこと言わないわ。自分の本のほうが売れて欲しいと言ったに決まってる」

「あれだけ売れたから、もうよかったんじゃないかなあ」

「それが作家のエゴというものでしょ」

小山内美江子「そのまま、ふわりと演じているからかな」

名取裕子（女優）

ＴＢＳ系ドラマ『３年Ｂ組金八先生』シリーズや、ＮＨＫ大河ドラマ『徳川家康』を手掛けたことで知られる脚本家の小山内美江子氏（二〇二四年没、享年94）。その小山内氏を師と仰ぐのは、女優の名取裕子氏（67）だ。母娘のように二人を結ぶ深い絆について明かした。（注・本稿は二〇一七年、小山内氏ご存命中に書かれた）

十四歳のとき、私は実の母親を亡くしました。小山内先生は師匠であり、思春期に母を突然喪った私を大きな愛で包み込んでくれた第二の母のような存在でもあります。

「おゆき」

先生は今でも私のことをそう呼ぶことがあります。初めて主演に抜擢されたテレビドラマ『おゆき』（一九七七年）の脚本をお書きになったのが先生でした。出会いの場所は赤坂のＴＢＳ。私は十九歳でした。打ち合わせの後、先生とプロデューサーの柳井満さんに近くのスペイン料理店に連れて行ってもらい、見たこともない華やかなレストランに、自分が芸能界という未知の世界に入ったんだ、と感じたことを今でも鮮明に記憶しています。

大学在学中にカネボウ化粧品の「ミス・サラダガール・コンテスト」で準優勝し、TBSのポーラテレビ小説のヒロインに抜擢された私は、毎日緊張していました。TBS局内で誰かに「トイレはどこですか?」と聞く勇気すらなく、近くのホテルまでわざわざ走って行っていたほど。先生はそんな私を見て、「トイレなんかそこにあるじゃないの」と笑っていました。

先生はベタベタ甘やかしたり、耳触りの良い言葉をかけるタイプではありません。ぶっきらぼうな言葉に愛情が溢れている、強くて優しい女性でした。だからこそ、たった一度だけ、「あなたの『はい!』という返事はとてもいいわね」と褒めてくださったことがあり、それが今でも私の支えです。

当時、新幹線で先生の住む熱海まで脚本を受け取りに行っていた柳井さんに、何度か同行したことがあります。母と娘の関係をあまり知らなかった私にとって、先生との交流がその代わりになっていました。

先生の脚本から多くのことを学びました。女性として一本筋が通った生き方。母親の温かな眼差し。他者への気配り、思い遣り。大切なことはすべて先生の文章を読み、学ばせていただいたのです。先生の紡ぎ出した言葉を、全身で感じ取って演技に変えていく。こうしていつの間にか先生の考えが私の身体に染み込んでいったのです。

先生がお書きになったもので最も印象深いのは、『母と子の旅』というご自身の経験を綴ったエッセイ集の一節です。『おゆき』の撮影中、私はずっとそれを読んでいたのですが、次のようなエピソードが綴られていました。

鬼門だった「金・八」

シングルマザーの先生は息子（俳優・映画監督の利重剛）と二人で旅行をしている。二人はそれぞれ自分の水筒を持っている。先生は息子の水筒の水から飲みはじめる。息子は「何で僕のお水を飲むの」と不満げだ。でも先生は自分の水筒は飲まず、息子の水筒から水を飲み続ける――。先生はその理由を「家に帰るまでの坂の勾配がきつい。だから少しでも息子の水筒を軽くしてあげたいから」と。

目から鱗でした。母親というのは、そこまで子供を想い、先を読んで、愛情を行動にしてゆくものなのかと心を打たれました。

一九七九年、先生の代表作となるドラマ『3年B組金八先生』が始まりました。先生は柳井さんと再びタッグを組み、鬼門とされていた「金曜・午後八時」に挑みます。当時息子さんが中学校を卒業した直後で、先生は「中学校を舞台にした作品を書きたい」とおっしゃったそうです。私も美術教師・田沢悦子として出演することに。この枠は裏で『太陽にほえろ!』(日本テレビ)が放映されていたこともあり、長年低迷していましたが、それを覆すほど話題を呼び、ドラマ史に残る名作になったことは説明するまでもありません。

『3年B組金八先生』は先生の人生観の結晶と言えます。親と子。教師と生徒。先生が抱く教育への想いが全て詰まっています。過激な演出を求める局側と意見が合わず、先生はドラマから身を引いたことを二〇〇七年に明らかにされましたが、金八先生は私たちの心に生き続けています。

嬉しいことに、今でも先生は私が出演したドラマや映画を観て感想を手紙に書いて送ってくださいます。

「武家の娘なのだから小太刀の練習をもっとしたほうが良いですよ」

「主婦が食卓でご飯を家族と食べる時は、エプロンは外すものですよ」

私の未熟なミスを指摘されることが多いのですが、最近、次のような嬉しいお言葉を頂きました。

「年を重ねているのにいい仕事、いい役に恵まれているみたい。歯を喰いしばってという形より、そのまま、ふわりと演じているからかな」

役者になってから四十年、先生のお手紙はすべて保管しています。亡くなった父の仏壇にあげた後で目につくところに飾っているんです。それを見れば落ち込んでいる時も元気になれますから。

小山内先生には、ずっとずっとお元気で長生きしていただきたいと思っています。これからも私は先生の背中を追いかけて生きていくつもりです。

黒田清　「魔法の筆だ。自分でよく言うよ」

大谷昭宏（ジャーナリスト）

かつて「黒田軍団」と呼ばれる記者集団がいた。一九八〇年代に「警官汚職」や「戦争」などのキャンペーン記事を世に放った読売新聞大阪社会部の面々だ。しかし、反差別・反権力を掲げて「軍団」を率いていた黒田清（二〇〇〇年没、享年69）は、渡邉恒雄論説委員長（当時）の保守路線とは相容《あいい》れず、八七年に退社を余儀なくされた。黒田とともに大阪読売を去ったジャーナリストの大谷昭宏氏（79）が語る。

僕が一九七〇年に大阪本社の社会部に上がったとき、新任のデスクだったのが黒田さんです。二十四歳だった僕とは十五歳違いでした。当時の大阪社会部は、とにかく自由闊達で活気があった。中でも黒田さんが「大阪で読売を作るんやない。〝大阪の読売〟を作るんや」と号令をかけていたのが印象的でした。

「このオヤジは只者じゃないな」と最初に感じたのは、僕が書いた原稿をめぐる対応を目の当たりにしたときです。僕が所属していた南大阪記者クラブは、なぜか天王寺動物園の中にあった。そこで僕が捨て犬を飼っていて、閉園間際に「蛍の光」が流れると犬が散歩をせがみだすのです。誰もいない園内をぶらぶらと回るのが日課でした。あるとき、散歩中に大量のハトが捕獲箱に入っているのを目撃しました。ハトは草食動物の餌に群がるので迷惑がられていたのです。捕らえられたハトは、生餌しか食べない動物園の大蛇に与えられていました。犬も歩けば棒にあたるというべきか、思わぬネタが入ってきた。平和の象徴を蛇に喰わせるとは何事だと憤って、一気に原稿を書きました。

ところが、デスク連中は「そんな気味の悪い記事を載せられるか」と取り合ってくれない。すると、黒田さんがツカツカと寄ってきて、事情を聞くと「俺が紙面を作ってやる」と言うんです。

そうして社会面に掲載されたのが「ハト受難」という記事でした。動物園には抗議電話が殺到して、大阪市議会でも取り上げられ大問題になりましたが、黒田さんが本当にすごかったのはここから。続報では「野生の論理もある」と賛否両論を併記して、一気に読者を巻き込んだ「名企画」に仕立て上げたのです。

とにかく他の人が思いつかないユニークな発想がある人でした。

大阪市住吉区で発生した三菱銀行人質事件では、猟銃を手にした犯人の梅川昭美が支店内に立て籠もって、四十二時間も膠着《こうちゃく》状態が続きました。記事に書くべき内容がないと苦慮していたら、社会部長として総指揮官を務めていた黒田さんが「向こうに動きがないならば、こっちの動きを書けばいい」と一言。そこで、僕たち取材記者の行動を時系列に沿って逐一記事化しました。

事情を聞かされていなかった東京社会部では大騒ぎ。「記者のもとに奥さんの弁当が届いたなんて原稿、どうやって紙面に使うんだ」と頭を抱えたそうです。でも、このときの記事は、その後『ドキュメント新聞記者』として書籍にもなりました。当時は異色のスタイルでしたが、それがかえって評判となりました。

迷うことなく同じ道

黒田さんからは本当に多くのことを学びました。名文家にして名デスク。「魔法の筆だ」と言いながらスラスラと原稿を直していく。「自分でよく言うよ」と苦笑しながらも、目の前で文章が仕上げられていく光景は圧巻でした。

ですから、東京の編集方針と対立して黒田さんが退社すると決めたときは、迷うことなく同じ道を歩みました。「この人に出会うためにこの会社に入ったんだ」と思っていましたから。もっとも、黒田さんは「もっといっぱい俺に付いてくると思った」とおどけていましたが、後先考えない物好きは僕ぐらいでした。

そんな黒田さんが最後まで危惧していたのが、権力との向き合い方です。二〇〇〇年、膵臓がんで亡くなった黒田さんの絶筆となったのが、戦後の権力犯罪の系譜をまとめた『権力犯罪』(旬報社)でした。

権力が腐敗するのは今も昔も変わりませんが、それを監視するメディアの体制はいかにも心もとないのが現状です。〝文春砲〟もいいけれど、大新聞の記者はみんな何をやっているんだと言いたい。すっかり官僚主義が染み付いてしまったように思います。かつては無頼の徒が集まった〝ブンヤ〟的体質の新聞社から、型破りの人間がいなくなってしまった。突出した「名物記者」を嫌う、忖度文化のなれのはてです。

新聞の危機と言われるようになって久しいですが、部数減よりも人材難のほうが切実です。記者の間で社会部もすっかり不人気部署になってしまった。黒田さんの志を受け継ぐためにも、学生に会うたびにリクルート活動をしています。

森友学園事件だって、黒田さんがいれば、「官邸と近畿財務局の不正を暴け」と社会部員の半分はぶち込んだのではないでしょうか。それだけペンの力を信じた人でしたから。

大平正芳　「君はヒンクを経験しているじゃないか」　古賀誠（元自民党幹事長）

運輸大臣や自民党幹事長などを歴任し、二〇一二年の政界引退後、二〇二〇年まで宏池会名誉会長として後進の指導にあたった古賀誠元衆院議員（84）が政界の「師」と仰ぐのが、大平正芳元総理（一九八〇年没、享年70）である。選挙戦の最中に非業の死を遂げた哲人宰相の思い出を振り返る。（注・本稿は二〇一七年六月に発表された）

私が初めて大平先生とお会いしたのは、一九七九年八月一日のことでした。それまで議員秘書などを務めていた私が、初めて選挙に挑戦することになり、大平最側近として官房長官をお務めだった田中六助先生と、官邸に出馬のご挨拶にうかがったのです。当時は中選挙区制度の時代で、福岡は一区から四区に分かれていました。田中先生は四区が地盤ですが、一区から三区はちょうど世代交代の時期で宏池会所属の政治家は空白でした。ついては福岡全選挙区に活きのいい新人候補を立てようということで、一区は太田誠一先生、二区は麻生太郎先生が立候補することになりました。そして、秘書時代からいつかは国政の道へ、と考えていた私が、三区から立候補させてもらうことになったのです。

しかし私には、今思えば実に情けなく恥ずかしいことですが、若干気おくれするところがありました。太田先生の祖父は戦前商工大臣、大蔵大臣などを歴任された櫻内幸雄さんで、父は博多大丸会長の太田清之助さんという名家。麻生先生は言わずと知れた吉田茂元総理のお孫さんです。私はといえば、四歳の時に父はフィリピン・レイテ島で戦死。母が乾物類の行商や編み笠作りの内職をして、女手一つで育ててくれました。そうした経歴を簡単に書いた書類を持って、田中先生と官邸を訪れました。初めて目の当たりにした大平先生は背も大きく、恰幅も良く、でもどこか物静かな哲学者のようなオーラがありました。私は開口一番、

「同じ福岡の太田さんや麻生さんと違って私にはなんの閨閥、門閥もありませんが、頑張ってまいりますので、ご指導よろしくお願いします」

と経歴書を手渡しました。大平先生はそれをじーっと見て、

「そうか、お父さんは亡くなられたのか。軍人か？」

「いいえ、赤紙召集です」

「お母さんが育てたのか？」

「はい、母が行商で姉と私を育ててくれました」

「太田や麻生と比べる必要はないでしょう。君はヒンクを経験しているじゃないか」

ヒンクが分からず、きょとんとしている私の様を見て取ったのか、

「貧しさと苦しさ、これを経験していることは、政治をやっていく上でとても大きな財産だ。君はそのことを誇りに思いなさい」

こういわれたのです。それまでいわゆる三バン（地盤、看板、鞄）がないことで気おくれしていた私にとって、この言葉は何よりも励みになりました。

両肩に大きな手

その二日後に地元に帰って初の選挙戦に邁進、福岡三区内をくまなく歩き回ったの

ですが、結果は落選でした。定数五のところ次点の六番目、あと四千五百票という僅差に涙をのみました。ところが結果が判明した直後、大平先生から電話がかかってきました。「五万二千票か、よく獲った！　がんばったな。これを次に生かしなさい」と、激務の合間を縫って初陣の私をねぎらって下さった。その上、「激励したいから、今度党本部にきなさい」と言っていただいた。後日早速、自民党本部の総裁室を訪ねていくと、私の両手をぎゅっと握りしめて「ようがんばった。次はきっと大丈夫だ。この調子で、地元で毎日頑張れ」と言われました。

次こそは、と思っていると、わずか七カ月後にあの「ハプニング解散」によって、またも総選挙。私が自民党公認証をもらいに行くと、先生は私の両肩にあの大きな手を乗せて「頑張れ」と声をかけてくれました。

しかし、それがお顔を見た最後になりました。選挙中に倒れられ、そのまま息を引き取られた。宏池会から訃報を伝える電話をもらいましたが「とにかく勝つことが恩返しだ。東京には来るな」と言い渡され、「これは何としても勝たねば」と奮い立ちました。その時トップ当選を果たし、以後、引退まで十回連続で当選することができました。

我々宏池会には、しばしば「リベラル」「ハト派」などの枕詞が付けられますが、宏池会とは何ぞや？　と問われたら、私は「人」だと答えます。「人を大事にし、人を育てる」。これこそが宏池会のモットーであり、大平先生が私に身をもって示してくれたことでもあります。

振り返ってみれば、最初に大平先生にお目にかかってから、亡くなられるまで一年足らず、お会いしたのは五回ほどに過ぎません。それでも今も鮮烈な印象が残っています。

あれから三十七年。毎年六月十二日の命日が近付くと、先生が眠る多磨霊園に宏池会の面々と共にうかがいます。あの日の「貧苦」の一言があったから、今日の私があります——そう胸の中で唱えながら毎年手を合わせています。

第二部　肉親と先達が遺した言葉

水木しげる――「妖怪」と「家族」を愛した漫画家の幸せな晩年

武良布枝（夫人）×尚子（長女）×悦子（次女）

布枝　お父ちゃんが亡くなって、もう一年が経つのね（注・本稿は二〇一六年十一月に発表された）。元気な人だったから、亡くなるなんて考えたこともなかった。「おれは百歳まで生きるぞ。いや、百二十歳までかな」って、口癖のように話していたのを昨日のことのように思い出す。

尚子　二〇一四年に心不全で入院してからは、調子が悪かった。

布枝　病気とは縁遠い人だったけれど、ちょっとずつ体調を崩していったのよね。

悦子　入院中に小脳梗塞になって、歩くことが難しくなって。

尚子　退院して家からリハビリに通うことになった。とにかく、リハビリを嫌がっていて大変だったよ。でも、担当の先生が「水木さんのファンです」って言ってくれて大喜びしてたね。

悦子　九十三歳になっていたけれど、回復力はすごかった。

尚子　二〇一五年の七月には、テレビの取材で、故郷の鳥取の境港に帰って、さらに元気になって帰ってきた。

悦子　私たちの支えはあったものの頑張って、階段を上ったり下りたり。故郷に帰ると違うね、ってみんなで話をしてた。本人も「来年はお母ちゃんと来るぞ」って張り切ってたんだよ。

布枝 ちょうどその頃、私が庭で転んで、骨折して三カ月も入院してたからね。入院中の私に「どんげな（バカげた）ことをしたもんだなあ」ってつぶやいてたわ。

尚子 お母ちゃんが退院した頃には、お父ちゃんはだいぶ歩けるようになっていたし、トイレなんかも誰の助けも借りずに行けるようになっていた。だから、二〇一五年の十一月十一日の明け方もひとりでトイレに行こうとして、布団につまずいて柱の角に頭をぶつけてしまった。

布枝 救急車で運ばれる時は、意識はしっかりしてたわ。

尚子 そうだったよね。血液をさらさらにする薬を飲んでいたから、出血が止まらない。出血が続くと脳を圧迫してしまうから、緊急手術をすることになった。

悦子 手術室に入る前に、「治って帰ろうね」って声をかけたら、起き上がろうとしたよね。

尚子 手術は成功したけれど、それが反応してくれた最後だった。

布枝　お見舞いに行った時に、一度だけ、私の姿を目で追ってくれたことがあったの。でも何も話してはくれなかった。あの人が、私に一言も告げないで逝ってしまうなんて。それが、寂しくて……。

延命治療はしない

尚子　これまで、何度も死線をさまよいながら、生き抜いてきたし、今回も大丈夫。九十代でもお父ちゃんは、元気に戻ってくるって、私たち全員がそう思ってた。

悦子　戻ってくることは不思議なくらい疑いもしなかったね。

尚子　十一月三十日の夜中の二時ごろに病院から「血圧が不安定です。今後のことを話し合いたいので来てください」と電話がかかってきた時も現実感がなかった。寝返りが自分で打てないので看護師さんが二時間おきに体を動かしてくれるんだけれど、明け方、そのタイミングで急に脈拍が落ちた。看護師さんが、「他のご家族はまだですかっ！」と急にあわただしくなったけれど、それでもまだ、お父ちゃんと死が結びつかなかった。

悦子　お姉ちゃんから「すぐに来て」って電話をもらったけれど、私もどこか他人事だったのを覚えてる。お父ちゃんは死ぬわけないと思ってた。

尚子　夜中に呼ばれた時、お医者さんからは、「いざとなった時に、延命治療はしますか」と聞かれてた。その時、普段からお父ちゃんが、「神様が決めたことに従う」と言っていたことを思い出したんだ。

布枝　あの人は、生き死には、自然の成り行きだと考えていたからね。戦争のとき、部隊が全滅したけれど、ただひとり生きて帰ってきた。それも大きな力のおかげだと言ってたわ。

悦子　人生の最期は、「虫けらのように、自然に死にたい」って。

布枝　あなたたちのおばあちゃんが亡くなった時もそうだったのよ。お医者さんから、「もう長くないです」と告げられて、お父ちゃんは「機械につながれて生きているのを見るのは辛いから、うちでみます」って、延命治療は断っていた。

尚子　お父ちゃんの言ってたことをとっさに思い出せたから、本人の希望通りにできた。

悦子　家族で見送ることができたのは、本当に良かったよね。

尚子　私が、お父ちゃんの凄さを再認識したのは、二〇一六年一月のお別れの会だった。八千人近いファンの方が集まってくださって「ああ、水木しげるはこんなにも多くの人に愛されてるんだな」と思い、涙が止まらなかった。

悦子　「ゲゲゲの鬼太郎」に出てくる妖怪ポストに、ファンレターを入れてもらったけど、みなさんの熱い想いが伝わるものばかり。

布枝　列に並んでいるファンの方に挨拶をしに行ったけれど、みなさん寒い中、何時間も待ってくださってて、本当に有り難かったわ。

寿命だったのかもしれませんし、みなさん「大往生ですね」って言ってくださいました。それでも、私にとって、あの人の死は早過ぎた。いつまでも生きていてくれると思ってたから。今でも、自宅の食卓の指定席にお父ちゃんがいないことが、受け入れられないでいるのよ。

一度だけ来た授業参観

悦子　振り返ってみると、お父ちゃんは、お母ちゃんと一緒の時が一番幸せそうだったよね。

布枝　そんなことないわよ。いつも「顔の長い女だ」って言われて、漫画に何度も描かれてますから。

尚子　倒れる直前だったと思うけど、夕方、食事を作りに実家に行ったら二人で仲良くテレビを見てたでしょ。お父ちゃんが、お母ちゃんの椅子の背もたれ越しに手を伸ばしていて、「ほら、見てみー」って仲良く話をしながらテレビを見てた。その姿が幸せそうで今でも目に焼き付いてる。

布枝　五十年以上一緒にいましたけれど、いつも自然体で、高ぶらないし、偉ぶらない人でした。若い頃から、親にも尽くしたし、兄弟にも尽くしていてね。私たちだけじゃなくて、一族の大黒柱だった。

尚子　若い頃は仕事が忙しかったから、私の運動会にも授業参観にも来てくれなかったなあ。でも、仕事を頑張っているのを知っていたから、それを不満に思うことはなかった。

布枝　尚ちゃんはお父ちゃんに手紙を書いてたね。「授業参観に来てください。」って。その時は、他の子のお父さんと同じようにネクタイを締めてください」って。

尚子　そうそう。あの手紙を大事に取っていてくれた。見つけた時は嬉しかった。結局、その時も授業参観には来てくれなかったけれどね。でも、悦ちゃんの授業参観には行ってたよね？

悦子　うん。一度だけ来てくれた。教室で姿を見てとても嬉しかったけど、次に振り返ったら、もういなかった。本当に一瞬だけだった（笑）。

尚子　私と悦ちゃんって子供の頃は、お父ちゃんとの距離感が少し違ったよね。私は絵を描くことが好きだったけれど、上手く描けても「お父さんが漫画家だからね」と必ず父と関連付けて評価された。それから私は、水木しげるの娘だと思われるのが、嫌になってしまって、隠すようになったんだ。

布枝　尚ちゃんが子供の頃、歯医者さんに連れて行ったら帰宅後、そこで見た治療器具を全部記憶していて絵に描いていた。「やっぱり、漫画家の子供ね」と思ったわ。

尚子　私はとにかく、水木しげるとまったく関係ない仕事に就きたかった。それで、小学校の先生を選んだの。

布枝　でも、お父ちゃんは、水木プロダクションに入れたくて仕方がなかったのよ。教員採用試験に合格した時、「しまった。まさか受かるとは思わなかった」と、ショックを受けてた。

尚子　酷いよね（笑）。家族で喜んでいたのが私ひとりだけだったんだから。

悦子　お姉ちゃんは、自分でケーキを買ってきて、ひとりでお祝いをしていた。

尚子　四十歳で学校を辞めて水木プロに入った。結局はお父ちゃんの思い通りになったんだけど。

悦子　私だって最初は外で働きたかったよ。「私も就職試験を受ける」っていったけどお父ちゃんは「ダメだ」の一点張り。それでも強行して就職活動をしたけど、希望した会社には、受からなかった。そうしたら、「ほらみろ。水木プロに入れということだ」って勝ち誇ったような顔をしてたなあ。

「ああ、逝ったのか手塚……」

布枝　悦ちゃんは水木しげるの娘ってことを隠してはいなかったね。

悦子　そうだね。目に見えない「妖怪」を描いているから、「お前の父ちゃんは、嘘を描いている」っていじめられた時は、ちょっと嫌だなと思ったくらいかな。

尚子　私よりもフィーリングが合ってたよね。二人とも今でいうスピリチュアルとかに興味があったみたいだし。

悦子　絵を見ることが趣味だったから、話が合ったんだと思う。中学の時、ムンク展を上野でやっていることを話したら「見に行こう。全部説明してやるから」と張り切って、出かけることになった。美術館で「この絵を描いた時のムンク家は……」とか「家族が亡くなった時に……」と詳しく解説してくれる。するといつの間にか私たちの後ろに人だかりができちゃった。知らない女性が「この絵はどういう意味があるんですか?」って聞いてきた。お父ちゃんが答えかけて、「あんた誰ですか?」って聞いたら、その女の人が「学芸員さんじゃないんですか?」と。余りに説明が上手いから間違われたらしいの。「違います」って答えながらちょっと怒ってた(笑)。そこからは私に「あとはお前で考えろ」って言って何も教えてくれない。

布枝　お父ちゃんらしいねえ。

悦子　晩年に、「美術館に行こう」と誘っても、「お父ちゃんの頭の中に全ての絵がある。その絵を思い出せばいいから、見たかったらひとりで行って来い」といつも断られてた。

尚子　「美術展は、人の頭を見に行くようなものだからな」とか言ってたでしょ。それでも、お土産に買ってきた図録を喜んで眺めていた。やっぱり悦ちゃんは、子供の頃から、お父ちゃんと話が合ってたよね。小さい頃の私は、その光景を見ては「フン」って反発してた。

悦子　反発のあまり手塚治虫さんがいかにすごい漫画家か、お父ちゃんに熱弁を振るってたよね(笑)。

尚子　その話、私はまったく覚えてないの（笑）。確かに中学生の時に手塚さんの漫画を買いそろえていたけれど。

悦子　「手塚さんの漫画には明るい未来が描かれるけれど、お父ちゃんの漫画に未来はない！」とお姉ちゃんが言って、言い争いになってた。お姉ちゃんは凄いなあ、と思いながら見てたよ。

尚子　私は「お父ちゃんは、現実を描いとるんだ！」って言われたんでしょ？　その頃の私は、ハッピーエンドで終わっていく手塚さんの漫画が好きだったんだと思う。

布枝　手塚先生にはライバル意識よりも、同じ時代に漫画で生きてきた同志という感覚が強かったはずよ。手塚さんが亡くなった日、朝食を取りながらラジオを聞いていたら訃報が流れてきた。「ああ、逝ったのか手塚……」とつぶやいて、深く考え込んでいる様子でしたね。それから、ひとりで葬儀に出かけていきました。

水木流の「終活」

尚子　お父ちゃんは、不思議なこだわりをたくさんもってたよね。夏場、家から仕事場までの一キロを歩いて通っていたけれど、水を飲もうとしないとか。

悦子　「行軍中は水を飲んだらいかんと固く言われとるからね」「上官に怒られるよ」って(笑)。お父ちゃん流のギャグなんだろうけど、水分不足を心配するこちらはヒヤヒヤした。

布枝　仕事場まで歩くのは、楽しかったみたいよ。晩年は悦ちゃんのリュックサックを握り締めて歩いていたけれど、あまりに強く持つものだから破れたこともあったわね。家に帰ってくると「途中の街路樹の根元にタンポポが咲いていたぞ」とか教えてくれた。

悦子　お父ちゃんに言わせると「そういうのを見ながら季節を感じているんだ。他の人は目もくれないけどね。贅沢な気持ちになれる」とか「前ばかり見て急いでいると損するぞ」って。最近、ひとりで歩いていると、背中が軽くて、「お父ちゃんはもういないんだ」って思い知らされて、さみしい気持ちになる。

尚子　晩年は物忘れが出てきたけど、「毎日、発見があるから新鮮だ。ボケるのもいいものだなあ」って前向きだった。

お父ちゃんは、私たちが困らないようにいろいろ考えていてくれたよね。延命治療の話もそうだけれど、流行りの言葉だと「終活」も自分のスタイルできちんとやっていた。

布枝 ちゃんと生前にお墓も作っていたからね。三十年くらい前に冒険旅行ばかりしている時期があって、「急に亡くなったらどうするんですか」と何気なしに聞いてみたら、「よし、お墓を作ろう」と決めたの。

尚子 境港にある本家の墓は伯父さんが入るから。

布枝 自宅の近くのお寺にしようと探し始めた。いちばん最初に電話をしたお寺に「いいですよ」といわれて即決してたね。

そこの先代のご住職が、東洋大学（哲学館）を作った井上円了のことが好きで、お父ちゃんものちに井上円了の漫画を描いていたほどだから、妙に気が合ったみたい。石屋さんも紹介してもらって、すぐに墓石も建てたの。妖怪のレリーフを自分でデザインして、彫ってもらった。

悦子　その仕事を気に入ってお父ちゃんは、「調布のミケランジェロ」って呼んでた（笑）。

尚子　「終活」でいえば、ついこの間、日記帳が見つかったでしょ。書斎の奥のスライド式の本棚に何やら付箋が貼ってあると思ったら、「水木しげるの日記類　貴重」と自分で書いている（笑）。もし、この付箋がなかったら、すぐには気付かなかった。それに、普通は日記を見ることに躊躇やうしろめたさがあると思いますが、「あるぞ」と本人からのメッセージがあったから堂々と読めた。

悦子　締切日や新聞の切り抜きが貼ってあったり、アイデアが書かれていたりして、頭の中を覗いているみたいだった。

尚子　面白かったのは「かくされた世界を眼前に」とエンピツ書きがあったこと。勘違いされることが多いけれど、お父ちゃんが描いてきた妖怪は、漫画家の想像力で勝手に作ったものじゃない。ほとんどが、言い伝えや古い文献に書かれているものばかり。そこに絵という新しい命を吹き込んでいった。「勝手に妖怪は作っちゃいけない」と言っていたよね。

布枝　神保町の古本屋に出かけていっては、山のように妖怪や民俗学の資料を買いこんできて読んでいました。よく「見えない世界を俺は探究しているんだ」って。

悦子　お父ちゃんが漫画にしたことで、妖怪そのものの認知度が広がったよね。亡くなる少し前から、子供たちの間で『妖怪ウォッチ』が流行ったでしょ。それを知って「お父ちゃんのと違うな」って言ってた。

尚子　そんなことを言ってたんだ。確かにお父ちゃんが調べていた妖怪とは、違うかもしれないね。それにしても、故郷の鳥取県でも、ずっと住んでいた調布でも、県や市をあげて妖怪を応援してくれているし、妖怪が一般的なものになったのは嬉しかったと思う。

悦子　いまみたいに世間で妖怪への理解がなかった頃は、スランプに陥ったこともあった。私が中学生の時、急に「今までのお父ちゃんは間違っていた。目に見えない世界なんてないんだ。もう見えないものは描かない」と言い始めて驚いたよ。

布枝　悦ちゃんにはそういうことをよく叫んでたね。

悦子　直後に私は、修学旅行に出かけた。その京都の旅館で夜中、障子にたくさんの目が見えるっていう怖い体験をしたの。それを家に戻ってから話したら、「それは目目連《もくもくれん》だ。ほう！　お前、見たんか！」と、急に元気になったのをよく覚えてる。

「好きなことをやりなさい」

尚子　三十年くらい前、バブルの頃だったかな。水木作品は古びていると思われて、見向きもされなくなったことがあったよね。でも、バブルがはじけて、苦しい時代が来ると、「水木しげるはこんなことを描いてたな」って、また読んでもらえるようになった。NHKの朝の連続テレビ小説で『ゲゲゲの女房』をやってた頃も、ワーキングプアとか新しい貧困が話題になった時期だった。

布枝　流行に乗るのではなくて、あくまで自然体でやってきたから、時代に流されることもなかった。私がそれに近いことをお父ちゃんに言ったことがあるの。そうしたら、「それがいまわかったのか」って得意そうだった。

尚子　お別れの会で配った絵葉書にあった、お父ちゃんの「好きなことをやりなさい」という言葉もそういうことだよね。この言葉は本当に深いよ。単に自分の好きなように遊んでいればいい、という意味ではないと思う。水木しげるは、好きなことを仕事にしたけれど、同時に家族や会社（水木プロダクション）の人たちを食べさせていかなければいけないという、大きな責任もあった。実は、とても厳しい言葉なんだと思う。それを自然体でやれたんだから、お父ちゃんはやっぱりすごい。

布枝　若い頃は、難しい哲学書なんかを随分読んでいたそうです。でもそれをひけらかしたりはしなかった。ほら、二〇一五年だったか、出征前の手記を見つけたでしょ。

尚子　字が達筆すぎて（笑）。最初に悦ちゃんが見つけたけれど、読めなくてそのままになってたんだよね。ある時に、意を決して読んでみたら、若い頃の死生観などが克明に記されていて驚かされた。

悦子　それを戦後は、漫画の中に描いて。「哲学書だと、難しくて誰も読まんだろ。それをわかりやすく漫画にしてるんだ」って。

布枝　そうやって、自分の信念を貫き通した一生だった。私は文字通り後姿を見るばかりでしたけれど、一生懸命に漫画を描いている時は声もかけられないほどの気迫があった。本当に自分には厳しかった。

ノーベル賞を取ったかも

尚子　ある時期から旅行が息抜きになっていたよね。

布枝　スウェーデンのストックホルムに旅行で行ったでしょ。ノーベル賞の授賞式が行われるコンサートホールで、お父ちゃんが、「来るべき時にお父ちゃんもこの階段を登るんだ。今のうちによ〜く見ておけよ」って言いだしたから、一緒にいた人たちに笑われて恥ずかしかったわ。

尚子　冗談だろうけれど、半分くらいは本気だったかも（笑）。

悦子　もし、元気に生きていたら、ボブ・ディランじゃなくて、お父ちゃんがノーベル賞だったかもしれないね（笑）。

尚子　二〇一〇年に銀座の松屋デパートで「ゲゲゲ展」という展覧会をやったこと

があったでしょ。展示されている自分の写真を眺めているお客さんの横にお父ちゃんが、こっそり近づいていくの。そして、肩をトントンって叩いてから、何にも言わないで展示してある自分の写真を指差して、自分の顔を指差す。その人が「本物だ!!」とびっくりしているのを見て喜んでた。

悦子　みんな大喜びで、即席の写真撮影会になって……。

布枝　自分に関心を持ってくれて嬉しかったんだろうね。今日だって三人で、これだけお父ちゃんの話をしたんだから、嬉しくてしかたないはずよ。

尚子&悦子　絶対に喜んでるよ。

美空ひばり――僕は「不死鳥コンサート」には反対だった

加藤和也（ひばりプロダクション社長）

おふくろが一九八九年に亡くなってから二十八年。生きていれば二〇一七年五月二十九日に八十歳になります。（注・本稿は二〇一七年に発表された）

病気を発症してから亡くなるまでの数年間、おふくろはインタビューを受ける機会があると、必ず祖母（加藤喜美枝）の話をしていました。「美空ひばりとして歌が唄えなくなるまで、私と母は共に生き続けているんです」と。自分を産み、美空ひばりをプロデュースし、二人三脚で歩んできた祖母は、一九八一年に亡くなりましたが、おふくろの中ではずっと生きている存在でした。

ですから僕の中でも、美空ひばりという歌手は、今も死んでいないんです。息子である自分が生きている限り、あるいは美空ひばりを愛するファンがいてくださる限り、美空ひばりという歌手は生き続けている存在として、すべての業務に当たっています。

十七歳だった自分が、ひばりプロを引き継いで約三十年。何かしらの企画が浮上すると、無理をしてでも実現すべきか、あるいは撤退すべきか、そういう選択に迫られますよね。そういう時、真っ先に考えるのは祖母がどう判断するか、なんです。続いておふくろ、そしてオヤジ（ひばりの弟・かとう哲也）の顔が浮かぶ。今も歌手・美空ひばりの活動に関しては、家族会議で方向性が決められているようなものです。

巡業先の楽屋が遊び場

僕は六歳で美空ひばりの養子となりましたが、幼い頃から青葉台の家に出入りしていたこともあって、戸惑うこともなかった。養子となった理由のひとつは、おふくろが子どもを欲しかったというのもあると思います。ただ、子どもを産むようなご縁に恵まれず、そうこうしている間に弟の子どもとして僕が生まれ、しばらくして弟が逮捕されて……。残された僕をどうするかとなった時に、答えはひとつしかなかったんじゃないかな。その頃、既に祖母の目論見としては、将来、僕を跡継ぎにするつもりだったようです。

僕は幼少の頃から、年間二百日ほどのおふくろの地方巡業について回り、「今日はどこに泊まるのかな」って、毎日が楽しかった。公演会場の楽屋が遊び場でした。

昭和の歌姫と呼ばれた美空ひばりと、家庭人としての加藤和枝（本名）はまるで別人でした。外出する時は、「いつどの瞬間も美空ひばりのイメージを崩してはいけない」という使命感を持っていました。

反面、自宅でのおふくろは「パジャマの人」。すっぴんで、ヘアバンドで髪をまとめて、ガウンを羽織る。常にその格好で過ごしていました。家事はお手伝いさんに任せていましたが、普通の母親らしいことをしてもらえないのを不満に思うことはありませんでした。子どもながらに、母親の仕事がどういったもので、いかに家事を求めることも酷なスケジュールで動いているか、理解していたんだと思います。

美空ひばりを語る上で、山口組の三代目・田岡一雄さんの神戸芸能社に所属していたことや、弟である哲也、つまり僕のオヤジも組員で、拳銃不法所持などの逮捕歴があったことを僕らは隠しません。

当時は、いわゆる裏社会の方たちとのお付き合いなくして、興行を打つことはできなかった。いきなりコンサートを開こうと思っても、「うちのシマで何をやっているんだ！」と嫌がらせが入るわけです。おふくろの死後、僕もあらゆる文献を読みましたが、昭和中期頃までは、裏社会とつながりを持っていないと、芸事が成立しなかった。しかし、時代の転換期が訪れ、美空ひばりが槍玉に挙がった。もちろん、現在ならば黒い交際として問題となりますが、美空ひばりの歴史に嘘はつけません。そういうお付き合いを隠蔽しようとすると、美空ひばり像がとても歪《いびつ》なものになってしまう。家族で歩んできたおふくろからしたら、弟との縁を切ることなんてできるはずがない。七三年に大バッシングに遭った際、「私の歌が求められないのであれば、家族で生きていきます」と会見でそうはっきりと言っています。家族を何より大事にしたおふくろらしい言葉ですよね。結果としてその年の紅白歌合戦の出場を辞退することになりましたが、批判を受けた時のつらさも、美空ひばりの芸に生きていると思うんです。

「唄わせていただく場所があるから、私は唄うことができている」

最後までその姿勢を無垢に貫いたのがおふくろでした。一方でプロデューサー役の祖母が嫌われ役に徹しておふくろを守っていた。

僕が小学四年の時に祖母が亡くなり、オヤジがひばりプロを引き継ぐことになりました。オヤジが手がけた日本武道館の三十五周年コンサートって、セットリストから演出まで僕は大好きなんです。オヤジはミュージシャンとして良い楽曲を書いていたし(『人生一路』などを作曲)、役者として映画にも出たりしていた。余計なことさえしなければ、芸事に向いている人だったのに(笑)。

祖母の死の二年後、オヤジが四十二歳で亡くなり、八六年に(香山)武彦おじさん(本名・加藤武彦、美空ひばりの末弟)も四十二歳で亡くなった。当然ながら、おふくろのショックは大きくて。祖母の三回忌が終わったと思ったら、オヤジの一周忌。毎年のように法事がある家になってしまいました。

加藤家の男はみな、四十二歳で亡くなっています。「恐怖の四十二歳」を僕は超えることができ、今年(二〇一七年)、四十六歳になります。そして、五十二歳で亡くなったおふくろの年齢に近づいている。本当におふくろは、若くして逝っちゃったんだな、とつくづく思います。同時に、あんな生き方をしていたら、五十二年の人生が天命だったのかな、とも。

九歳でデビューしてから数々の曲を唄い、多くのステージに上がってきた。歌手としての責任感が強く、たまにハチャメチャなことを言い出すんですが、常に周囲に気を遣う人でした。美空ひばりとして、与えられた宿命を消化していれば、寿命を縮めても仕方なかったのかなって。

背負っているものが大きかったからこそ、最初の異変は足に現れた。一九八五年のことでした。

足が痛いと言い始めて、「私も歳を取ったのね」ぐらいに家族の前では話していたんですけど、そのうち、痛みが酷くなってきた。

一九八七年四月、公演先の福岡で、いよいよ立っていられなくなり、福岡県済生会福岡総合病院で検査を受けると、「両側大腿骨骨頭壊死」と診断されました。同時に全身を検査してみたところ、肝硬変の兆候まで見つかった。当時は、人間ドックに入るような習慣ってありませんでしたよね。何かしら体調に異変を感じてから初めて病院に通うような形だった。おふくろにとって、あの時が初めての人間ドックだったはずです。

それで緊急入院。まさか入院するとは本人も思っていなくて、誰より驚いていました。おふくろは、それまで一度も身体を壊したことがなかったんです。

初めての親子水いらず

子どもの頃から、おふくろが酒を飲む姿を見ていて、大人になれば誰でも、あんなに酒を飲めるものだと思っていました。量も、ペースも、尋常ではなかった。僕もお酒を飲むようになって、おふくろが異常だったんだと知りました。どれだけ深酒しても、翌日には仕事場に向かい、平気で昼夜の二公演をこなすような歌い手だったんです。

きっと人には言えないストレスをため込んでいて、お酒に頼らないと毎日、眠れなかったのではないでしょうか。お酒が強いから、体調の変化に気づきにくくて、一気に病魔が襲ったんじゃないかな。

当時、僕は玉川学園の高等部の一年生でした。実は、おふくろが倒れた日、同級生を殴ったことで、僕には学校から無期停学処分が下されたんです。幸か不幸か、タイミング良く福岡に向かうと、両足を吊されたおふくろがベッドに寝かされていた。そこまで深刻な状況だとは思っていなかったので、ビックリしましたね。おふくろには「お見舞いに来てくれてありがとう。あなたの一番、大事な時期にごめんなさい」と泣いて謝られました。福岡に到着するまで、停学になったことを報《しら》せていなかったんです。

「明日も学校でしょ?」

「もうちょっと福岡にいられるから、大丈夫」

「それは嬉しいけど、ちゃんと勉強しなきゃ」

そのまま隠し通すことはできませんから、「しばらく学校に来なくていいと言われたんだ」と伝えると、おふくろの眉がキュッとつり上がって、「どういう意味?」と。

「学校で悪さして、しばらく来るなと言われたから、ここにいていい? 寝るところがないから、近くのニューオータニを取ってくれない?」

すると、ついさっきまで泣いて感謝していたおふくろが、「あんたなんか、そこのソファーに寝ればいい!」って。さすがにまいっちゃいましたね。

その頃の僕は、ちょっとぐれていまして(笑)。いや、ちょっとじゃないか。美空ひばりの家に生まれた僕は、僕なりにいろんな思いを抱えていたんですよ。やっぱりね、寂しい気持ちはありました。どうして、この家に生まれてきたのかなって。美空ひばりの息子であることで、同級生から因縁をつけられたりすると、猛烈にぶつかって、すぐにケンカになっていた。僕自身、決して家族が嫌いなわけじゃないんです。ただなんとなく反抗をして、何もかもが気に入らない時期だった。

福岡の病院では十日間ぐらい過ごしました。おふくろとここまで長い時間を一緒に過ごしたのは、初めての経験でした。

その後、一度は学校に復学したんですが……結局、自主退学しました。それから間もない時期に、八八年四月十一日の「不死鳥　美空ひばり　in TOKYO DOME」の話が、家族に舞い込んできたのです。僕は当初、あの「不死鳥コンサート」には反対の立場だった。家族の視点で考えれば、当時の体調で、ファンの方を満足させる公演ができるはずがないし、担当医師が反対していることも僕は知っていましたから。

ただ、大きな目標ができたことで、闘病中のおふくろが目に見えて元気になっていった。そして、僕に次のような手紙をよこすんです。

「私は今まで、ファンのみなさんのおかげで生きてこられて、美空ひばりとして一生懸命、唄って生きてきた人間。美空ひばりとしての責任があるのよ。申し訳ないけれど、息子の一言で、その歩みを止めるわけにはいかないの」

そこまで覚悟を決めているなら、止められませんよね。一九八八年の一月、僕とおふくろは療養を兼ねてハワイで一カ月過ごしました。朝起きたら横の部屋でおふくろが寝ていて、一緒にご飯を食べて、昼過ぎには一緒にバスに乗ってアラモアナショッピングセンターに行く。そして夜になると「美空ひばり」モードになってコンサートで唄う曲のチェックを遅くまでやっていました。その頃は病魔がかなり身体を蝕んでいたはずですが、温暖な気候のおかげで、症状が落ち着いていた。

幸せな時間でした。親子水入らずで、初めておふくろと向き合えた時間だった。これは余談となりますが、その一カ月を暮らした別荘は、もう十五年も行っていなくて、多くの方から「売った方が良い」と勧められるんですけど、固定資産税や管理費を支払い続けてでも、絶対に手放したくない大切な場所です。

不死鳥コンサートの舞台裏

不死鳥コンサートは東京ドームのこけら落としでしたが、実はその直前にミック・ジャガーのコンサートも行われたんです。ミックファンだった僕は、ドームの音響を確認したかったおふくろに同行しました。

スタンドの上部にあるボックス席で大興奮だった僕の横で、おふくろは悩ましげな顔をして、「これでは来てくれた方が私の顔を見られないわね」って。あれほどの大箱だと上段の客席から歌い手の顔を確認することは難しいんですよね。

おふくろは不死鳥コンサートの最後に、百メートルの花道を歩きました。あれは演出ではなく、来てくださった方に、直接、顔を見てもらいたいという願いが込められた、突発的な行動だったんです。道中、立ち止まって手を振るシーンがありますが、あまりの足の痛みに、耐えられなくなったのが本当のところ。ただ、それを観客に気付かれずに、最後まで歩き続けた。客席の死角になる位置で、待ち受けていた僕の胸におふくろが倒れ込んだ瞬間、僕はこう思ったんです。「僕がこの家に来た理由をもう一度考えよう」と。

公演の直後、僕はギターを買おうと思って貯めていたお金でスーツ一式を買いそろえ、金髪だった髪の毛を黒に染め直して、自宅で横になっていたおふくろの元へ行きました。

「仕事を手伝わせてください」

そう言うと、驚いたおふくろはワーワーと泣き出しましてね。よっぽど僕の申し出が嬉しかったんだと思います。考えてみたら、僕が子どもの頃から祖母は僕を跡継ぎにするつもりだったし、僕に自分の人生を選ぶことなんてできなかったんですよね。おふくろを支えるというのが、美空ひばりの家に生まれた僕の使命だったんです。それに十六歳でようやく気付きました。

それから亡くなるまでの一年ちょっと、僕はひばりプロの人間としても、おふくろと過ごしました。ほんとわずかな時間なんですよね。でも、今振り返っても三年、いや四年ぐらいの月日のように感じます。

おふくろは、病気を完治させ、もう一度、元気にステージに立つことだけを考えていました。しかし、病状は悪くなる一方でした。足や肝臓は相変わらずで、呼吸器系の症状もかんばしくない。このまま静養に努めて、コンサートや番組出演の予定を入れない方がいいのかなとも、それは当然、僕も考えました。

寝ていて治るのならば、ずっと寝かせます。しかし、このまま病状が変わらないのであれば、美空ひばりから音楽を取り上げるべきではないのではないか。そう思って、一九八九年の初頭に、体調に配慮したスケジュールを組み、全国ツアーを九州からスタートさせたんです。

しかし、初日の博多公演をなんとか乗り切り、翌日の小倉公演（二月七日）を終えたところで、とうとう断念せざるを得ない状況となりました。本人は「舞台の上で死ねたら本望」と本気で考える人でしたが、さすがに現実となってはまずい。僕が初プロデュースする予定だった横浜アリーナのこけら落とし公演も中止にせざるを得ませんでした。

福岡から帰京したおふくろは、順天堂大学医学部附属順天堂医院に入院。僕が担当医師に「助かるんですか？」と訊ねても、あやふやな答えしか返ってこない。それは余命がいくばくもないことを宣告されているのと同じですよね。この段階で、僕も覚悟を決めたように思います。

あの頃は、病院から急変の報せが入るのを恐れている自分がいました。それゆえ、毎晩飲みに出かけて、その様子を写真週刊誌に撮られたこともありました。記者の方に「未成年なのに、お酒を飲んでいましたね」と追及されて。それは事実だけど、母親の病状を口にできるはずもない。ケンカになった挙げ句、記事では「バカ息子」と書かれました。

病室でも、おふくろとケンカしてばかりでした。本音としては優しい言葉をかけてあげたいんだけど、それをすると、助かる可能性が厳しいことが本人に伝わるような気がして。僕の口から出てくるのは、憎まれ口ばかりだった。

「これからは親子で生きたい」

順天堂医院に再入院してからのおふくろは、すっかり音楽から離れてしまいました。それまでは、入院することがあっても、枕元に必ずカセットデッキが置いてあったのに、窓辺に置きっぱなしなんです。どなたが音源を持って来ても、絶対に聞こうとしなかった。

六月十三日にはとうとう呼吸困難に陥り、人工呼吸器が取り付けられることになった。最後の会話になるだろうということは、なんとなく僕も分かっていました。装着の直前、僕はおふくろの手を握って言葉をかけるんですけど、どうしても目を見ることができず、「大丈夫、大丈夫。大丈夫だよ！」としか、声をかけられなかった。

「ごめんね」

それがおふくろとの最後の会話でした。人工呼吸器を付けた状態で眠らされ、二度と起きることがないまま、六月二十四日に、おふくろは旅立ちました。最終的な死因は「特発性間質性肺炎」。これは数万人にひとりの割合でしか発症しないといわれる奇病で、効果的な治療法がない病気なんです。ところが、後になって聞いたところによると、親族でおふくろを含めて三人がこの病気で亡くなっていた。何かしらの遺伝も影響したのかなと思います。

亡くなる一カ月ちょっと前、五月の母の日に、僕はカーネーションを贈ったんです。すると御礼の手紙をもらった。思い出の場所であるハワイのハレクラニホテルの便箋には、こんな言葉が書かれていました。

「死にたいなんて二度と言いません。これからは和也と一緒に、長く親子として生きていきたいと思います」。どんな時でも、美空ひばりであることを崩さなかったおふくろが「親子として生きていきたい」だなんて……それまで聞いたこともない言葉でした。後になって考えると、おふくろが天国に旅立つ一カ月前に、昭和の歌姫・美空ひばりは事実上亡くなっていたんだと思います。

最近になって、面白いテレビ番組があると、おふくろを出演させてあげたかったな、と思うんです。たとえば、ダウンタウンさんの番組。浜田（雅功）のアニキにはずっと可愛がってもらっていて、「お前はともかくとして、お前のおふくろには一度、お会いしてみたかった」とおっしゃっていただいているんです。

ダウンタウンと共演したとなれば、天然のおふくろは、きっと「何を言うとんねん、ひばり」と、浜田のアニキに突っ込まれるんでしょうね。すると、おふくろは本気で怒るはず。でも、絶対に仲良くなるタイプなんです、浜田さんは。

今も元気に生きていたとしたら、八十歳。どんなおばあちゃんになっていたのでしょうか。若い頃と同じように、突拍子もないことを言い出し、周囲を振り回して。そんなおふくろに対して僕は、「いい加減にしてくれよ、クソババア！」なんて怒鳴っているような気がします。

石原慎太郎――父は最期まで「我」を貫いた

石原延啓（四男・画家）

「最後まで足掻《あが》いて、オレは思いっきり女々しく死んでいくんだ」

二〇二一年十二月半ば頃、病床の父はいつもより強い調子で言いました。

その日、親友の高橋宏さん（日本郵船元副社長、二〇二一年六月没）の思い出話をしていたときのことです。高橋さんは幕末の剣豪で禅に通じた山岡鉄舟が大好きでした。そこで私は、こういう人もいるんだねえ、と山岡の最期について父に話を振ってみました。

胃がんを患った山岡は自分の死期を正確に予期し、最期の日に弟子や家族を呼んで座敷の真ん中で座禅を組んだまま絶命したといいます。

ところが、父にこの話は響かなかったようで、乗ってはきません。そして「オレは女々しく死んでいく」と。正直な気持ちであったと思います。いつでも本心を語りつつ、格好つけているのかいないのか。今振り返れば、最後の最後まで親父は石原慎太郎でした。

遺稿「死への道程」は、二〇二一年十月に膵臓がんが再発し、医師から余命三カ月を宣告されたときの心情を正直に綴ったものです。宣告後にどう声をかけたらいいか分からずに、思わず「正岡子規の『病牀六尺』ではないが、今の心境を描写していったら？」というと「オレは日記を書く」と父は答えてくれました。しかし、実際に書いたのはこの原稿です。

父は原稿をすぐにでも『文藝春秋』に掲載してもらうことを望みましたが、病気が公になれば、闘病生活を静かに送ることができなくなるかもしれない。家族の判断で私たちの手元にとどめることにいたしました。あの父のことです。もしそのことを知ったならば烈火のごとく怒ったかもしれません。

告知直後で体力的にまだ元気であった頃に書かれたこの文章は、身内からするとまだ格好つけているのではないかと感じられるところもあります。それでも、やはり父らしく死へ向かっていく、父らしい文章だと思います。父が世に出るきっかけとなった「太陽の季節」と同時に掲載していただいたことは（『文藝春秋』二〇二二年四月特別号に所収）、生と死をテーマに作品を書いてきた父にとって本当にありがたい場になったと思います。

二〇二〇年、奇跡的に早期の膵臓がんが見つかり、重粒子線治療を受けられたのは幸運でした。ところが二〇二一年秋、再発が分かったときには、すでにお腹のあちこちにがんが転移する腹膜播種が起きていました。父は星のように散らばるがんのレントゲン写真を見て戦慄した、と申しておりました。高齢で持病も抱えていたので、もう抗がん剤治療はせずに少しでも痛みや辛さを和らげるための緩和ケアを選択しました。以来、自宅と介護施設を行き来する、最後の闘病生活がはじまったのです。

最後の会話

年は越せるかもしれないが、来春の桜は見られないだろう——私たち家族は覚悟しました。日に日に衰弱し歩くのも辛そうでしたが、頭ははっきりしているのに体が言うことを聞かないので「肉体派」を自負していた父は十二月に入る頃から常にイライラしていました。

年が明けると、一日寝て過ごす日が増え、意思疎通もままならなくなっていました。亡くなる二週間前には愛用していたワープロは開いていても、文章の途中に文字化けが散見されるままで、書くのを断念した形跡がありました。もう体力の限界だったのだと思います。それでも突然に兄へ電話をかけてきて「よし、春には孫も全員連れて瀬戸内海にクルーズに行くぞ」と言い出して皆を驚かせたこともありました。

最後に話をしたのは亡くなる五日前の一月二十七日のことです。お腹を痛がって、夕方顔を出した私に「なんとかしろ！」と騒ぎます。このところ眠っているばかりの父に怒られるのは久しぶり、何より怒る元気がある証拠ですから嬉しくなってしまいました。ビールを飲みたいとまで言い出して一番小さいものをひと缶飲み切りました。美味しいかと尋ねると「美味いねぇ」と満足そうに答えます。この時とばかりにお腹をさすってあげながら父が元気な頃のままに少し話をしました。

そして〈今しばし死までの時間あるごとくこの世にあはれ花の咲く駅〉で始まる上田閑照《しずてる》さんの随筆『折々の思想』のプロローグを朗読してあげた際に「こういう良いエッセイとは何処で出会うの？」と聞かれたのが、そのまま眠りに落ちてしまった父との最後の会話になりました。

本来は上田さんのような京都学派は父のガラじゃなかったと思いますが、何か感じるところがあったのでしょうか。今となっては確かめる術《すべ》はございません。

翌々日には母と会ったり、同伴した義姉にくだをまいたりということを耳にしていたので少し持ち直してきているように思いましたが、二月一日朝九時ごろ、父の容態が思わしくないとの知らせを受け、施設に駆け付けたところ、目を見開いて天井をみつめ苦しそうに荒い呼吸を繰り返していました。

すぐにお腹をさすってあげましたが介護士の方が身体を拭いてくれるというので、父の頭や顔にそっと手を置きました。するとすぐに呼吸がすーっと落ち着いていきました。良かったと安心しかけたところで別の介護士の方が来て指先で血圧を計ったのですが、数字が出ない。あー親父は逝ったのかと悟りました。

家族にはLINEで「様子がおかしいので来ています」と送っていたのですが、次の送信が「息を引き取りました」となってしまいました。あっという間に潮が引いていくような最期でした。時刻は午前十時二十分。部屋に着いてから二十五分後でした。父は常々「痛みに苦しみながら死ぬのは嫌だ」と申しておりましたので、息子としては、酷い痛みに苦しむ前に最期を迎えたのは、それはそれで良かったのだと思います。

石原の四男である私は一九六六年、神奈川県・逗子海岸近くの家で生まれました。

その家は私が生まれる一年前に、父が建てたもので、崖の上に立つ鉄筋コンクリート打ちっ放しの二階建て。父の人生の大部分を占める「海」を一望できました。その頃は芥川賞を受賞してから十年が経ち、流行作家として小説を次々と発表していた時期で、映画、演劇、ヨットと、マルチに活動して大変な勢いがあったようです。

とても広い家でしたが、父の書斎、アトリエ、書庫、サロンなど、ほとんどは父だけの為の空間が占めていました。

私たち子ども四人に与えられたのは小さな部屋ひとつ。三人の兄たちにとっては、せっかく広い家に引っ越してきたのに、自由に遊べる空間が限られ不満だったそうです。庭もかなりの広さでしたが、夜遅くまで起きて仕事をしている父が眠っていたので昼を過ぎても声を立てて遊ぶ事はできませんでした。私が十歳を過ぎてから、ようやく子ども部屋を増築して全員に一部屋ずつ分け与えてもらいました。

父は〝リベラル〟

私にとっての父はアーティスト、表現者の大先輩でした。アーティストが時に物書きになり、時に政治家になった。父は絵も非常に上手くて才能がありました。子どもたちは、長男（伸晃）と三男（宏高）は政治家、次男（良純）が俳優でタレント、そして私が画家の道へと進みました。

先日、次兄がテレビ番組でこんなことを言っていました。

「親父にとって子どもは分身」

だから、たまに好き勝手なことを言うけれども、直接何かを教えてくれる訳ではない。家にもほとんどいませんでしたから、「背中で語る」というわけでもない。家庭での教育は母の役割。政治家の妻として支援者の前で父に恥をかかせないようにとしつけには厳しかったと思います。

父は画家を志望していた事もあり、私たち兄弟は子どもの頃から絵画教室に通わされていました。兄達がそれぞれの方面へと興味を移す中、残された私はアーティスト・石原慎太郎の分身であるわけですから、父は「お前は当然、絵描きになるのだろ」という調子です。大学は経済学部名目の体育会水球部。このまま就職するにせよ、どうするかなと思った時期もありましたが、父は私が画家になることを信じて疑わなかった。かといって進路について話すことも強制することもありませんでした。

放任主義の父でしたから、アートの道へ進んでからも、たまに批評をするのみで具体的なアドバイスをもらったこともありません。但し、常に感覚、感性の話はしていました。そして、私がその都度興味を持った訳の分からない抽象的な話題を持ち出しても、面白がって聞いてくれました。思い返しますと、あんなに勘が良くて聞き上手な人は珍しいのではないかと思います。

闘病生活に入ってからある日、

「結局、僕らは親父からなんにも学んでないよな」

父と似たキャラクターがいない我々兄弟を思い浮かべて聞いたことがあるのですが、

「すまない、(子育てに)興味がなかった。自分がやりたいことが多過ぎて時間がなかった」

そう正直に白状されました（笑）。ただ、父なりに我々兄弟を愛してくれていたことは間違いありません。

「職業は石原慎太郎」

本人がよくそう言っていたようにどんなカテゴリーにも収まらない人でした。既成概念や体制に囚われることを軽蔑している。私にとって「リベラル（自由）」とはイデオロギーに囚われない父のことなのです。リベラルな人間がたまたまタカ派的な思想を持っているとみていました。

亡くなってから葬儀までの間に、ものを取りに父の書斎に入ると、テーブルの上に乱雑に積まれている本の中で柄谷行人さんの対話集が目にとまり、意外な取り合せだな、本当に交流があったの？　と興味を持ち目を通しました。

哲学者で文芸評論家の柄谷行人さんの対話集『柄谷行人発言集　対話篇』です。柄谷さんといえば、憲法九条を擁護し「左翼」を自認している方ですから、改憲を主張した父とは相容れないイメージがあります。付箋がついている頁をめくると父との対談が載っていて驚きました。

調べてみると、対談は一九八九年に文芸誌『すばる』で行われたもの。当時、国会議員の父はその一カ月後に自民党総裁選に出馬しています。二人の対談を読み進めると、政治から文学の話までお互い率直に対話しているのが伝わってきました。

今の世の中は、「ポリコレ」（ポリティカル・コレクトネス）の縛りがきつくなって発言が不自由になりがちです。党派的な分断が進み、考えの違う者同士の交流は滅多に見られません。

父はタカ派と言われましたが、作家でべ平連代表だった小田実さん（故人）とは親友だったと、本人から聞いたことがあります。小田さんは反戦を訴え、護憲運動にも熱心な方ですから、知人にこのことを言うと「石原慎太郎と小田実が！」と驚かれるのですが、父も、小田さんのベストセラーのタイトルである「何でも見てやろう」の精神でしたから、ウマが合ったようです。

二〇二一年十月に余命宣告される少し前だったでしょうか、父が「自分は選ばれた人間だという自負はあったよ」と言いました。端から見てもそう思ってはおりましたが、本人の口からはそれまで聞いたことがありませんでした。また、最近になってよく「Somebody up there likes me」と口にしていました。これはポール・ニューマン主演の映画『傷だらけの栄光』の原題です。実在したボクサーの伝記映画で、刑務所あがりの不良少年がミドル級チャンピオンになるまでの生涯が描かれています。直訳すれば、「上にいる誰かさんはオレの味方だ」。父が神を信じていたのかどうかは分かりませんが、「自分は運がよかった」「幸せな人生だった」と振り返っていたのでしょう。

級長選挙の思い出

実は、二〇一一年三月に軽い脳梗塞を再発し、かねてから懸案であった頸動脈にある動脈硬化の塊を手術で摘出しました。その直後から父の頭は明らかにクリアになったのです。兄たちも「絶対に冴えたよな」と口をそろえていました。二〇一三年に脳梗塞を発症してからは、同じ様な話を繰り返すことが増えていたのですが、私たち家族も初めて聞くエピソードが次から次へと蘇ってきたのです。

そのひとつが小学校の級長選挙の思い出。父は十一歳のとき、海運会社に勤めていた祖父の転勤に伴い、小樽から逗子の学校に転校しました。小樽ではずっと級長だったので転校先でも級長に立候補したのですが、これまで級長を務めていたクラスのリーダーも手を挙げた。その子は男らしく人気もあり、父にとっては目の上のたんこぶのような存在だったようです。

先生の計らいもあり、しばらくは級長二人体制だったそうですが、次の学期にライバルが親の仕事の都合で転校することになった。それを知った父は、「心から良かったと思った」そうです。聞いている私は、なんてケツの穴の小さい話なんだと思いましたけれど（笑）。八十九歳の人が思い出してわざわざ語る話でもない。でも、父の心の奥にずっとあったエピソード、正に父にとっての「人生の時の時」のひとつだったのでしょうね。

最後の数カ月も、そういった思い出をワープロに書き留めていたようです。「文藝春秋」二〇二一年十一月号には、熱海の初島で命からがら帰還した「ワーストヨットレース」を寄稿。二〇二二年一月号では、大学の寮生活と芥川賞受賞の頃を振り返っています（「文藝春秋と私の青春時代」）。人生の節目節目で父は「Somebody up there likes me」だった。そう本人が実感をもって言えたわけですから本当に幸せ者だったと思います。

それなのに最後の最後でがんに苦しめられた。

「なんでオレがこんなヤクザな目に遭わなきゃいけねえんだよ」

がんとの闘いにそう腹を立てていました。晩年の父のそばにいて感じたのは、とにかく生きることへの執念が強かったことです。

父はもう十年以上も前から「オレはもうじきに死ぬ！」とよく口にしていました。このセリフを聞くたびに食傷気味の私は「俺が十年がかりで看取ってやるよ」と半ば冗談で返していましたが、本人は本心では死ぬ気などまったくなかった。

利き手の左手に麻痺が残り、足が弱くなったのを自覚したせいもあるでしょう。リハビリには精を出していました。近所に住んでいた私が車を運転していると、老人が周りを気にせずに道のど真ん中をウォーキングしている。「迷惑なじいさんだなあ」

と思いながら近づいてみると父であることがよくありました（笑）。ウォーキングから帰ってくると、玄関でスクワットを二十回するのが決まり。利き手が不自由になっても「昔はもっと上手かったのに」と怒りながら、整理した自宅の画室で絵を描いたりして、リハビリに余念がなかったようです。

父は、仏教や神道の各宗派の方々との交流も深く、法華経の現代語訳をはじめ仏教関係の本も書いていますが、しばしば「宗教は信じていない」「神もいない」と発言することもありました。そして何よりも、自分が死んだらどうなるのかを気にしていたように思います。晩年にはジャンケレヴィッチの『死』が愛読書となり、書斎の机の横には必ず置いてありました。

十二月のある時、病床で突然に、

「オレはわかった！　人は死んだら自分にとっての神と出会うんだ」

と大きな声で言ったこともありました。

数年前に父の家で酒を酌み交わしながら東北の被災地における体験などについて話をしていた際には、

「もしオレが死んだ後、おまえが困っていたら、必ずオレは幽霊になって現れてやるからな」

と言ってくれました。珍しいことを言い出すなと思いながら、息子としてそれなりに感動していたのですが、その後「いや、死後の世界は存在しない。虚無だけだ」と言うからガッカリ（苦笑）。

幽霊はともかくとして、父には、いい枯れ方をしてほしいという願いがどこかにありました。これは私の勝手な思い入れでしたが、イギリス人の映像作家デレク・ジャーマンの写真集『デレク・ジャーマンの庭』のような仕事を父と一緒にできないかと思い、父に持ちかけた事もあります。彼はＨＩＶに感染してから、ロンドンの家を引き払い、イギリス最果ての村に移住した。そこで庭いじりをしながら余生を暮らし八年後にこの世を去りました。そのときの暮らしをまとめた『デレク・ジャーマンの庭』は一部で大変な評判になりました。社会風俗から離れて、情念のない穏やかな暮らしをしながら、ジャーマンのようないい枯れ方をして、穏やかに世界を見つめ直す眼差しを持ってくれたらなと。そういう方向に持って行きたかったのですけれど、実際はぜんぜん違った。それは所詮私の我であり、当の父こそは自我を失うことを最後まで恐れて、戦っていました。

「末期の目」がない

父は初期の作品から生と死を主題としたものが多いのが特徴です。

先に述べた、柄谷さんとの対談のなかで、父の長編小説『生還』（一九八八年）が話題にのぼっています。この作品は末期の胃がんの宣告を受けた男が常識破りの治療法に再起を賭け、奇跡的に完治するという話。柄谷さんは父に次のような感想を述べています。

〈石原さんは依然として健在だなと思った。つまりあれ（『生還』）には「末期の目」がないんです。日本の美学の伝統から言えば、必ず「末期の目」に映ったものは美しいとなる。しかし、『生還』は絶対生き返ろうとしてるでしょう〉

結局、自分自身が個として存在していることが一番だから、それは政治家としては問題になる。私が素人目で見ても、アーティストが政治家をやっているわけだから、派閥なんて束ねられる訳が無い。人気があっても総理大臣になるのは厳しいと思っていましたし、なったら失言で内閣はひと月で倒れてしまったのではないでしょうか（笑）。逆に都知事は、都民の皆さまが直接選ぶ大統領制みたいなところがあるから、持ち味を生かせるところがあったのではないかと思います。

息を引き取ってから自宅に帰ってきた父はとても穏やかな顔で安らかに眠っていました。私は叔父（裕次郎）や父方の祖母が亡くなったとき、父に言われてデスマスクを描かされたのですが、亡くなったことに直面させられる無表情がとてもつらかった。その時々とは違い父は笑みさえ浮かべていて、まるで仏様のような顔をしていました。家族みんなで「普段からこれくらい優しい顔をしていたら、みんなもっと優しく接してあげられたのに」と言いました。

でも、それで終わらないのが父です。納棺する際、いつも着ていたグレーのダブルのスーツに身を包み、お馴染みのアスコットタイとチーフをつけていました。それがもう生々しくて今にも目を覚ましそうです。シーツの端を持って、棺に入れるのに手間取っていたら、さっきまで穏やかだった父の顔が急に不機嫌そうに変わったのです。「手際が悪いんだよ、お前たちは！」と怒り出しそうであまりに父らしく、家族みんなで泣き笑いしました。

火葬場で父と別れたあとでも、驚かされることがありました。焼き上がったお骨を見ると、よほど骨がしっかりしていたのか、頭蓋骨や太い骨がかなり焼け残り、灰になってしまうことの多い歯まで確認することができました。改めて頑強であった父の肉体を強く感じました。

父にとって文章を書くことは生きがいでした。自宅でお招きしたお客様と一緒に食事をしている途中でも何か閃《ひらめ》きがあると「じゃあ」と切り上げて二階の書斎に行ってしまうことさえありました。

執筆の相棒はワープロ「ルポ」。ひらがな入力ができるという理由で同じモデルを三十年以上使い続けていました。日本ではもう五人くらいしか使っている人はいないという話で、東芝には父の為の専門の担当者がいると聞いたことがあります。

父は今ここが第一の人。その時々に書いたものが父にとっての最高傑作でした。まだ実家で一緒に暮らしていた頃、明け方近くにトイレに立つと「オレは今、これまで最高の散文詩集を書きあげたぞ」と高揚している父に出くわしたこともあります。流石に晩年になって現行の作品が最高傑作かを問うと「ん？　悪くない作品だよ」と言うにとどめておりましたが。

二〇二一年十二月も半ばを過ぎると徐々に病気も進行し、父は「手探りでのたうち回っている感じがする」と言うようになりました。そして「ノスタルジーしか感じない。只々懐かしい」と昔の思い出ばかりを書いている父に「今、まさしく死に行く人間がみている眺めを描写して書いてみない？　親父の小説の『遭難者』や『透きとおった時間』の中で死んでいく主人公よりも時間があるのだから書いてよ」と提案してみました。

父からは「おお、そうだな」と気のない返事が返ってきました。もう、そこまでの体力はなかったのでしょう。残されたフロッピーディスクの中には、昔の思い出を綴った文章以外見当たりませんでした。

亡くなるひと月ほど前だったでしょうか、ある時病床の父からふと、

「オレの人生で一番の仕事って何だったのだろう？」

と問われました。私が答えを模索していると、

「創造的な世界にひとつのやり方を投げかけることはできたよな」

独り言のようにポツリと言いました。父は最後までアーティストでした。もっと色々と聞きたかった、話したかった。それがもう叶わないのはとても寂しく残念でなりません。

わが師・阿川弘之先生のこと

倉本聰（脚本家）

阿川先生が好きだった。

作品・人間・生き方・思想。全てについて僕が心から「先生」と呼べる人だった。先生は僕より十四歳上だったが、兄のようでもあり父のようでもあり、将《まさ》に人生の師であった。

先生とのおつき合いは、NHKテレビで先生の原作「あひる飛びなさい」を阪田寛夫さんと二人で脚色し、「あひるの学校」として放映した五十年近く前にさかのぼる。今や、先生の娘というより、佐和子の父の阿川さんと云われるようになってしまった阿川佐和子嬢が、たしかまだ丸々と肥った中学生だったころから僕は阿川家に出入りしており、——佐和子嬢に云わせると、当時僕が姫君のことを、豚娘と呼んだと記憶にないことを云って責められるのだが。とにかく変に気に入って可愛がって下さり、御一家が軽井沢の別荘に行かれる時など、たまプラーザの家で留守番をつとめるなど、書生のような身分を堪能させていただいた。何で気に入って下すったのか。先生は「瞬間湯沸器」と云われる程短気直情の方である一方、ユーモア好きの男っぽい紳士であり、まだ若かった僕が恐れも知らずにズケズケ正直に物を云うことをやけに面白がって下さったのが、そのきっかけであった気がする。

まだおつき合いの浅かったころ、お宅で奥様手作りのカレーを御馳走になり、グルメを自任しておられた先生が、「どうだ、女房のカレーは逸品だろう」と自慢された時、僕が何も答えなかったら「正直な感想を云いなさい」と仰せられ

「正直に云っていいですか」

「勿論」

「では申します。松竹梅にたとえるなら、竹の中、といったところかと思います」

先生はいきなり噴き出され、そのことを友人の岩田豊雄（獅子文六）氏に伝えたらしい。するとすぐさま岩田氏から奥様へ手紙が届き、その宛名に「竹中華麗様」と書かれていたと大笑いしながら電話してこられた。

僕は先生から物書きとして直接何かを教わったわけではないし、物書きの技は、教えたり教えられたりするものではないと思っている。だが先生が志賀直哉の最後の弟子といわれたように、弟子は師の人間としての生き様から多かれ少なかれ文士の精神を盗みとり、それを継承して行くものである。

先生の中にある原風景

第三の新人として登場した先生は、深いファン層を持っておられたが、だからといって文壇の中で常に居心地の良い位置におられたとは思えない。特にある時期には文壇の中で孤立しておられるとさえ僕には見えた。

先生の中にはいくつかの動かし難い原風景があり、その一つが海軍とその時代。故郷広島。戦後の早い時期にロックフェラー財団の留学生として体験したアメリカ滞在。そして師と崇めた志賀直哉先生の存在だった。殊に青春時代を捧げられた海軍に対する思い入れは激しく、話が海軍関係に及ぶとおどろくべき記憶力を発揮されて生き辞引のようにその知識を披露された。だからそのことが左傾して行った世間の中で右翼的作家と誤解された面もあったのは否めないが、御本人は全くのリベラリストであり、いわばあの戦争に飜弄された人々の心の代弁者に徹することを一生のお仕事となすっていたのだと僕は思っている。

大正の男の素顔

大正の男だった。

それは私生活に於いても顕著であり、特に家庭内での夫人、令嬢に対する横暴ともいえる暴君的態度に表われていて、常にやさしく奥床しかった令夫人、そして佐和子嬢がその瞬間湯沸器の最たる被害者だった。

僕の大好きな先生の私小説「舷燈」という秀作がある。

大晦日、漸く最後の仕事を上げて主人公は妻と紅白歌合戦を見ながらホッとした年の瀬を過そうとしている。御機嫌の彼は紅白で歌うザ・ピーナッツ（と記憶するのだが）が良いと感想を述べる。ところが奥さんが「でも、この人は――」とつい批判的発言をしてしまう。それが主人公の心にコチンと来る。折角の大晦日の平和な雰囲気をこわしてはいけないと彼はそのコチンを懸命に表に出すまいとする。だがそのコチンが心中どんどん膨張して行く。「でも」とは何事か。抑えようとするその感情が主人公の中でどんどんふくらみ、突然怒りに変化する。抑えねば抑えねばと思いつつ遂にその怒りが爆発し、彼はいきなり激しく怒鳴り、揚句奥さんを殴ってしまう。途端、主人公の中に激しい後悔と反省が湧くが、いったん噴出してしまった怒りはもはや抑制の歯止めが利かず反省しつつ又殴る。

そんな内容だったと思うのだが、なにぶんかなり前に読んだものだから細部の筋書きは僕の勝手な思い込みかもしれない。

この作品に描かれた主人公のごくつまらない心中の怒り。それが増幅して行くことへの自己嫌悪と反省と我慢の葛藤。その精密な描写の中に、僕が噴き出しつつ感動してしまったのは、僕の中にも全く同質の瞬間湯沸かし的気質があるからで、何故自分がコチンと来たのか、それが爆発するまでにいかに論理的に、三段論法的に内心膨張したのかを相手に説明してもとても説明しきれまいと諦め、いきなり発作的に爆発してしまう。そして反省と後悔の中で落込む。そうした男の子供っぽさ、可愛らしさがたまらなく納得できたからで、この作品を脚色し、ＮＨＫで放映した。主人公を演じたのは今はなき先生の親友の芦田伸介。奥さんを演じたのは八千草薫さんだった。八

千草さんはあの上品なやさしさが、まさに先生の奥様を演じるにはうってつけの人で、放送後NHKに来た感想に
「阿川先生があの心情をもたれる事には全く納得できる。だが、芦田伸介が八千草さんを殴るのは許せない」
という珍妙なものがあって大いに笑った。
先生には佐和子嬢を含め三人のお子さんがいらしたが、五十歳を過ぎて何故か突然もう一人お子さんが誕生した。芦田伸介氏が電話をかけて来て、「オイ聞いたか！アガワの奴あの齢でもう一人子供を作りやがった」と云った。久方ぶりの子供の誕生に、先生は相当照れくさかったらしい。佐和子嬢をひそかに呼びつけ、お前の子供だということにしろ、と滅茶苦茶な命令を出されたときいた。

先生の机の中には何が？

この頃テレビ朝日から、先生の一家をモデルにしたほのぼのとしたホームコメディ

『犬と麻ちゃん』をドラマ化したいという要請があり、先生からの御指名で僕が脚本を書くことになった。その執筆の為、先生の軽井沢の別荘をお借りして先生の机でホンを書いた。先生の机はきちんと整理され、筆立てには当時ゴルフ場でよく使われた短い鉛筆が何本かささっていた。その机の抽出しの中に何があるのか。最初のうちは他人様の抽出しなどのぞいてはならぬ。まして師匠に等しい方の私物をのぞくなどとんでもない！　理性が僕にそう命じていたが、一日二日と経つうちに、――いや実を云うと一日も過ぎぬうちに、見たいのぞきたいという欲望がどんどん心につのって来て、一センチだけ、一寸《ちよつと》一センチだけ開けてみよう。一センチ引き出して中をのぞいたが何も見えぬ。もう一センチ、いやもう二センチ、ええい三センチも五センチも全部も同じだ！　抽出しを完全に引き出してみると、そこに書きさしの原稿用紙の束があった。恐る恐るその束を机の上に取り出した。

四百字詰めの原稿用紙の、最初の三行は空白である。多分、タイトルがまだ決っていないのだろうと思われた。

四行目の下の方に、阿川弘之という先生の署名。見馴れた先生の萬年筆による直筆である。そしてそこから一行おいて、本文が始まる。

「それから」

それだけ。それでおしまい。それ以上は何も書かれていない。

——。

その用紙をそっとめくって見た。すると次の用紙にも、前頁と全く同じように、三行の空白、阿川弘之のサイン。そして一行おいた本文が
「それから、」

どこがちがうのかと前のと照合すると、「それから」の後に「、」点が加わっている。

——。

更に次をめくる。

全く同様に三行の空白、阿川弘之のサイン。一行おいた本文が
「それから、彼は」

そこまで。「彼は」が加わっただけ。

思わずゴクリと唾をのんだ。

恐る恐る又一枚めくってみた。

何とそこにも全く同じ三行の空白、先生の署名。そして一行おいた本文が
「それから彼は」

「それから」と「彼は」の間の点がなくなっている。

急いでもう一枚めくってみたが、もう一切何も書かれていなかった。後をめくったが全て白紙。書きさしの原稿はその四枚で終っていた。

深遠な文士の謎

僕はその四枚をデスクに並べ、しばらく呆然とそれを見ていた。何か深遠な文士の謎をいきなり高みからつきつけられたような、同時に何かからかわれたような気がした。

まっ先に頭に走った感想は、何て勿体ない原稿用紙の使い方をするンだ、という、テレビ作家の貧乏根性だった。点をつけたり消したりなんて、そんなのペンで消しゃ

あいいじゃないか。大体「それから」と「それから彼は」は単に「彼は」が加わっただけなのだから紙を更《あらた》めて書き直す必要があるのか。それをわざわざ最初から書き直したのは何故だ。

しばらく並べられた四枚の原稿を混乱した頭で睨みつけていたが。——いや、これは本物の文士というものが、一字一句から点にまでこだわり、何分、何時間、何日を費して一つの文章を完成して行く、いわば呻吟の過程なのではないか。その血みどろの傷口の跡を、僕はのぞいてしまったのではないか。

あわてて原稿をきちんと束ね元の姿に抽出しにまとめてそれをゆっくり元通りに収めた。

僕はしばらく考えこんでいた。

本物の物書きの真剣な仕事はこうした真摯な書き様にあるのかと、ある種の衝撃を受けていた一方、単にひらめきが出てこないから、気分転換に最初から書き直し、まだ出ないからヤケのようにもう一度。深い意味はなく気分を変える為に、ゴルフへ行ってはさて一枚。翌日再びゴルフへ行っては帰って更めて又最初から。単にそういう痕跡であったのか。

結論が出ないままテレビ作家は、志賀直哉の弟子である芸術院会員のこの巨匠とはかけ離れた次元の大衆的ドラマのシナリオの方へその思考を哀れにも戻すのである。

御自宅を舞台にしたドラマ

岸田今日子が主演した「ガラス細工の家」というサスペンスドラマを書いた時、最初から僕はたまプラーザにある先生の家をその舞台として想定しており、ロケハンに行った恩地日出夫監督が、ぴったりの家を見つけた！　それがなんと、阿川弘之さんの家だった！　と報告して来たのでほくそ笑んだ。

クラソウ！　お前、謀ったな！　と先生が電話をしてこられたが（先生は僕のことをクラソウと呼ばれた）お許しを出して下すった。しかし何日かして又電話があり、何とかしてくれ！　あいつら人がまだ寝てるのに勝手に雨戸を開けやがるんだ！　と怒鳴られた。

先生は実に博学であり、一寸した古いことを電話で質問しても、何か御自分で判らないことがあると、待ってろと時間をとり、古い辞典やら資料などを探して懇切丁寧に答えを探して下さるので、こっちが恐縮してしまったものだ。

又、先生は最後まで、旧仮名遣いにこだわられた方である。そして書く姿勢も亦『雲の墓標』や『暗い波濤』或いは『山本五十六』『井上成美』と、何十年に及ぶ執筆生活の中でその座標軸をぶらすことなく、あの青春を過した戦争の時代に目をそらすことなくこだわりつづけられた。

先生の、たしか全集のどこかのあとがきで、半藤一利氏が述べておられた一文が、まさに正鵠を射ていると思う。

〈阿川さんは敗亡した祖国日本の葬式をたったひとりでやってきたのである〉

詩人の石垣りんさんのどこかで書かれていた詩の一節が、今僕の中に蘇る。

戦争の記憶が遠ざかるとき、戦争がまた私たちに近づく。

あの戦争の偉大な語り部が、僕らを置いて逝ってしまわれた。

立花隆——私とは波長が合わなかった「形而上学論」

佐藤優（作家・元外務省主任分析官）

知の巨人で、無類の読書人であった立花隆氏が二〇二一年四月三十日に亡くなった。とても残念だ。同時に一つの時代が終わったことを実感する。少し大げさな言い方をすると近代の終焉だ。私は立花氏を客観性と実証性を重視する近代を代表する知識人と考えている。

立花氏の仕事は、政治、思想、哲学、生命科学、宇宙、サル学、がんなど多岐にわたる。いずれの分野においても立花氏は、客観性と実証性を重視する。対して私は、客観性や実証性は、人間を動かすにあたって実に弱い概念で、簡単に物語に包摂されてしまうと考えている。

立花氏の知性は、私とは、ほぼ対極にあると言っていいくらい異質なものだった。私はそのことを、二〇〇九年に立花氏との対談本『ぼくらの頭脳の鍛え方　必読の教養書400冊』（文春新書）を上梓したときに実感した。最初は小さなきっかけだった。

新約聖書の翻訳に関して、無教会派の塚本虎二が訳した『新約聖書　福音書』（岩波文庫）が参考になると言った。すると直ちに立花氏が首を横にふった。翻訳の内容には踏み込まず、「僕は最初、塚本虎二の運営する寮に入っていた。そこでキリスト教がすっかり嫌になった」という話をした。立花氏は無教会派の家庭で育った関係で、聖書については、「門前の小僧、習わぬ経を読む」というスタイルで身についている。大学生になってから、本格的に哲学を学ぶ過程で、キリスト教など超越的要素を含む思想に対して、強い忌避反応を抱くようになった。

私は立花氏に端的に「形而上学を一切認めないわけですね」と尋ねた。立花氏は「そうです、僕は形而上学を一切認めない」と答えた。形而上学を認めるか認めないかという問題は、誠実な討論によって結論は出ない。立場設定の問題だ。お互いの基本的立場の違いを確認して、議論を先に進めることにした。

立花氏は『中核VS革マル』、『日本共産党の研究』など共産主義運動に関連する優れた作品を残している。従って、マルクスの著作は比較的よく読んでいる（もともマルクスの主著である『資本論』に関しては、まったく関心を持てず、まともに読んでいないようだった）。特にマルクスの『ルイ・ボナパルトのブリュメール十八日』を立花氏はよく読み込んでいた。

しかし、マルクスのこの作品に対する立花氏の評価は極めて低かった。その理由はナポレオン三世の政治に関する実証研究がマルクスに欠けているからということだった。私は、マルクスが政治的に組織化されていない分割地農民に着目し、代表を送り出す人々と代表される者の間には合理的連関がないので、代議制度（間接民主主義）において、有権者が自らの利害に反する人を代表として選び出すメカニズムを解明し、民主主義的な民主主義を破壊する内在的論理を解明したマルクスの論法は現在の政治分析にも応用できる有益なものと考えている。しかし、立花氏と認識と評価の一致を得ることはできなかった。

「目には見えないもの」について

立花氏が政治理論として魅力を感じていたのはカール・ポパーだった。立花氏は、ポパーの『開かれた社会とその敵』の方法論に全面的に依拠しているように私には思えた。プラトンやマルクスのように、目的論的に理想的な社会を設定する思想を拒否する。そして、面前にある課題を一つ一つ具体的に処理していくピースミール的な手法を立花氏はポパー同様に称揚した。

私は、ポパーが唱えた反証主義は、制度化された学問（大学や学会での学問）においては、重要な手続きであるが、反証主義を飛び越えた、哲学的には独断論となる場に真理があると考えているので、この点でも立花氏と見解の一致に至ることはなかった。

もっとも形而上学を否定すれば、将来に目には見えないが確実な真理（例えば「神の国」）に到達するというような目的論的思考も出てこない。目的論なくして社会を維持することはできないと私は考えている。この点でも立花氏と意見はまったく一致しなかった。

立花氏からすれば、私が関心を持っているプロテスタント神学は、無意味な言語ゲーム以外の何ものでもないと思えたのであろう。

しかし、私が大学で社会主義社会におけるキリスト教に関心を持ったのは、その時点では、思いつきに過ぎなかったであろうが、その後、ソ連・中東欧の社会主義体制が崩壊する過程でキリスト教の果たした役割を目の当たりにして、歴史を動かすのは目には見えないが確実に存在する形而上学的なものであることを確信するようになった。

また、私が個人的に親しくしていたチェコやロシアの知識人は、「神の国」の到来を本気で信じていたから、スターリン主義体制の重苦しい空気の中でも希望を持ち続けることができたのだと思っている。

逆に立花氏が真剣に取り組んだ事柄で、私にはほとんど意義を見出すことのできないテーマもあった。

その一つが臨死体験だ。臨死体験に関する証言をいくら集めても、死に関する情報が蓄積できるわけでもなければ、死に対する準備ができることもない。死というのは、経験できないものである。死んだ人間は、この世に戻ってくることはない。それが死の定義だからだ。臨死体験は死ではなく、生の経験である。なぜこのような問題に立花氏が真剣に取り組んだのかが、今も私には理解できない。死について考察するには、形而上学が不可欠であると私は考える。

著しく異なる読書傾向

立花氏も私も無類の読書好きだ。ただし、読書傾向は著しく異なった。立花氏は、古典を読んで知識を得ることの意義をほとんど認めない。もちろん立花氏は、古今東西の古典を実によく読んでいる。その上で、古典の知識による教養を認めない。ここにも立花氏の形而上学嫌いが反映していたように思えてならない。

立花氏は、教養をつけるためには、最新のサイエンス雑誌を読むことが不可欠であると主張していた。私は、専門外の人が、個別科学について知るには、最先端の研究を読んでも、ほとんど消化できないので、十年くらい経って、さまざまな議論を経て生き残った言説だけを追いかければ十分と考えていた。この点でも立花氏と私は認識の一致に至ることはなかった。

『ぼくらの頭脳の鍛え方』を準備するために、文藝春秋本社で立花氏と数回にわたって、長時間、かなり踏み込んだ話をした。立花氏に紹介して貰ったいくつかの本はとても有益だった。対談をしている途中で私は立花氏と一緒に仕事をするのは、これで最初で最後になると思った。基本的価値観が異なる人とは、その点について確認すれば十分であり、自分の信念に従って、別々の道を進むのが正しい選択と私は考えているからだ。

考え方は違っても、立花氏の仕事に私は関心を持ち続けた。特に『立花隆の書棚』（中央公論新社）、『読書脳　ぼくの深読み３００冊の記録』（文春文庫）からは強い知的啓発を受けた。立花氏は、正しい意味において知を愛する哲学者なのである。

立花氏の思想が晩年になって若干変化したように思えてならない。あれほど忌避していた形而上学に対する姿勢に変化が生じた。

「形而上学」

立花氏が二〇二〇年に上梓した『知の旅は終わらない　僕が３万冊を読み１００冊を書いて考えてきたこと』（文春新書）の末尾にこう記されていた。

〈最後の『形而上学』ですが、形而上学というのは、metaphysics といいますが、本来は physics（物理学）の上に立つべきものです。しかし、日本で metaphysics をやる人は、physics をほとんど知らない人ばかりだったのです。だから僕は、現代の physics の最先端の知見に立って metaphysics があるべきだと以前から思っていたので、これを最後の本にするつもりでいます。

書き終わる前に寿命が尽きてしまうかもしれません。結局、人間というのは、いろんな仕事をやりかけのままに死ぬのだろうし、僕もおそらくはそういう運命を辿るんでしょう。でも、『形而上学』のはじめの二十行くらいはすでに書いてあるんですよ（笑）〉

現代物理学の最新成果を活かした形而上学として、どのようなことを立花氏は考えていたのであろうか。哲学者の場合（神学者もそうであるが）、最初の二十行を書くことができるのは、既に朧気《おぼろげ》な形であっても結論が見えているからである。

立花氏が形而上学に関する本を上梓したら、立花氏に対談を申し込もうと思っていた。それが実現せずにとても残念だ。

もっともキリスト教徒である私は、復活を信じている。キリスト教において死は永遠の別れではない。死ぬと一旦、肉体も魂も滅びるが、終わりの日には、イエス・キリストが再臨し、死んだ者の肉体と魂が甦る。そして最後の審判を受ける。

立花氏も私も生まれる前から「神の国」に入って「永遠の命」を得ることは予定されているので（そうとでも信じていなくては、キリスト教徒である意味がない）、「神の国」に行ってから、私は立花氏と形而上学について徹底的に議論したいと思っている。

立花隆さん、これまでお疲れさまでした。ゆっくり休んで下さい。


（本稿は二〇二一年七月に発表された）

半藤一利さんが私たちに残した「宿題」

保阪正康（昭和史研究家）

半藤一利さんのことを思い出すと自然と涙顔になるのは、老いのせいばかりではない。事実をもって謙虚に歴史に向き合い、昭和史に新たな光を当てた業績への畏敬の念。混迷を深める日本社会の状況のなかで、貴重な指針を与えてくれる先達が旅立ってしまったという喪失感――あまりにも多くの思いが交錯してしまうからだ。

私は昭和史を主なフィールドとして取材執筆活動を続けてきたが、半藤さんはその分野における偉大な先駆者であった。

現在の日本には、事実を直視せず歴史を都合よく解釈したり、きわめて浅薄な見方で過去の失敗を正当化する言説が跋扈《ばっこ》している。徹底したリアリズムの手法で昭和史を発掘し続けてきた半藤さんは、こうした風潮に大きな危惧を抱いていた。菅義偉政権の強権的な人事や、コロナ禍で政権に都合の悪い事実を「なかったこと」にしてしまう政府のあり方を見るにつけ、その危惧が現実化していることに戦慄せざるをえない（本稿は二〇二一年二月に発表された）。

半藤さんが日本の近現代史にどのように向き合ってきたのか、その姿勢と内実を再確認したい。また、下町育ちの飾らない人柄の魅力も含めて、私が知る半藤さんの実像を紹介しておきたい。

半藤さんは昭和二十八（一九五三）年、文藝春秋に入社した。東大在学中はボート部に熱中していたため、授業にはあまり出席しなかったという。成績は芳しくなかったが、就職試験では、新聞社と出版社は入社試験の成績が良ければ大学の成績は特に問わないところが多かった。たまたま文藝春秋の入社試験会場が東大だったため受験したところ、合格したという。

同期は本人含めて三人。当時の文藝春秋の採用基準は、成績優秀の者を一人、何でもそつなくこなす能力ある者を一人、そして「成績不良だが、大化けするかもしれない者」を一人、というものだったという。半藤さんは入社後、「僕は、どの口で採用されたんですか？」と当時の佐佐木茂索社長に訊ねたそうである。すると、「決まってるだろう、君は三番目だよ」と言われたと笑っていた。そんなエピソードを晩年までよく笑い話として披露していた。

入社前に、無頼派で有名な作家の坂口安吾の原稿を取りに安吾の住む群馬県桐生市に赴いた。ところが、そのまま一週間ほど音信不通になり、母親が「うちの息子と連絡が取れない」と会社に電話をかけてくるなど、ちょっとした騒ぎになった。実はその間、安吾に付き合い、その人生論などを聞きながら、ずっと酒を飲んで原稿を待っていたのだという。いかにも安吾らしい話だが、半藤さんは「安吾さんから実証的に歴史を見ることの大切さを教えられた」と話していた。新入社員になる前に、貴重な話を聞いていたのだ。

また、戦時中に海軍を担当した新聞記者で、「大海軍記者」と呼ばれた伊藤正徳の担当にもなった。元軍人ら戦争体験者に取材を重ね、それが昭和史研究の道に入るきっかけの一つになったのだろう。

この取材を通じて、誰が事実を正確に語っているかを知ることになった。伊藤は「あの軍人はそんなことを知る立場にない。でたらめを言っている」などと、半藤さんの報告を聞きながら真贋を教えてくれた。証言の垂れ流しをするな、という教えを受けたと述懐していた。

東京大空襲の体験が原点

若い頃の半藤さんの仕事で最も知られているのは、『日本のいちばん長い日』(昭和四十年)である。昭和二十(一九四五)年八月十四日の御前会議で事実上の降伏が決まったが、戦争継続を目指す陸軍将校らによる翌日未明のクーデター未遂事件(八・一五事件)があった。本書はその過程を丹念に追い、「玉音放送」までを描いている。

当時、文藝春秋には社内に昭和史の勉強会があった。そこで昭和史を象徴するテーマとして、この一日を選んだという。戦争に直接関与した軍人や官僚がまだ存命中で、半藤さんは社内の有志らとともに戦時中の軍の指導者層や政治家たちから聴き取りを重ねた。アカデミズムが戦前・戦中の政策決定の検証にはまったく手をつけていない時であり、本書は画期的な作品だった。もっとも、社員の名前で出すわけにはいかないという事情から、評論家の大宅壮一の名前で出版された。

半藤さんが昭和史を生涯のテーマにしたことの根底には、やはり自身の戦争体験があったのだろう。昭和二十年三月十日の東京大空襲で被災したとき、半藤さんは十四歳だった。逃げ遅れた人々が次々に焼死してゆくのを目の前で見た。炭化した遺体が折り重なる道を踏み分けて逃げまどい、隅田川に飛び込んで九死に一生を得た。

自身のその凄惨な体験談を、半藤さんはある時期まであまり他人には話さなかった。堰を切ったように話し出したのは、晩年のことだ。証言者が減り、また時代が戦争の悲惨さを忘れかけている中で、「自分が後世に伝えなければならない」との強い使命感をもったのだろう。それは覚悟といってもいい。

心の空虚感をエネルギーとして

悲惨な体験をくぐり抜けた戦争体験者たちは、心中に空虚感を抱えている人が多い。どんなに周囲に人がいて賑やかに暮らしているように見えても、心のどこかで空虚感と闘っている。数多の人々があっけなく死にゆく姿をあまりにも間近で見れば、誰もがそうなる。半藤さんの内にもそのような空虚感が存在するのを、私は感じ取っていた。

しかし半藤さんはその空虚感をエネルギーに変え、怒りをもって昭和史を検証したのだと私は考えている。カラッとした下町っ子で、怒りという感情をあまり見せることはなかったけれども、やはり心の奥底には、「なんでこんな無謀な戦争をやりやがったのか」という強烈な怒りがあったのではないか。そこに半藤さんの原点があったのだろう。

戦時下で皇国の少国民たれという教育を受けた世代であり、あの時代の教育環境に触れるときは、その口ぶりも無念の思いになる。平時のときの、ヒューマニズムにあふれた教育を受けたかったという思いは、半藤さんの世代に共通のようである。「だから僕は原稿の中で『絶対』という言葉は何があっても使わない。それが僕の世代の役割だと思う」との言を、私は何度も聞かされた。

近現代史を語る人々に対し、ともすれば左翼とか右翼という色分けをしたがる傍観者がいる。だが、半藤さんは謙虚に事実に向き合うことを生涯にわたって貫き、イデオロギー的な色分けを徹底して嫌った。半藤さんと旧知の歴史学者は「半藤さんはイデオロギー色がなかった。右とも左とも話ができた」と言っていた。そこには、無謀な戦争を起こしたメカニズムを根本から検証し、同じ過ちをけっして許さないという使命感だけがあった。

「おい保阪、君と僕は保守とか右翼とか言われたが、最近は左翼、はなはだしいときは極左と言われているんだそうだ」と、編集者を交えた勉強会で半藤さんが言ったときには皆が大笑いした。ネットでこう言われているそうだが、半藤さんはしばしばこの笑い話を公の席で語った。

平成二十七年頃だろうか、作家の井出孫六さんらが主宰する「石橋湛山を読む会」でも、半藤さんは司会者（ジャーナリスト）から「保守の論客」と紹介されると「今は左翼と言われているそうですよ」と応じた。党派性などにこだわっていないから、どうとでも言ってくれ、という態度で応じるのが常であった。

軍事指導者たちの不正

私自身は半藤さんが『文藝春秋』編集長を務めていた昭和五十年代初頭から面識はあったが、こちらは駆け出しであり、一緒に仕事したことはなかった。親しくなったのは、半藤さんが文藝春秋を退職し、社外で原稿を書くようになった平成八年頃からだ。いわば作家として独立してからである。昭和史関連の座談会などで言葉を交わすうち、「この人とは波長が合うな」と感じるようになった。おそらく半藤さんも私に同じ印象を抱いたのだろう。昭和の史実を話し合っていると、飽きることがなかった。

半藤さんは伊藤正徳の取材の手伝いや『日本のいちばん長い日』の取材などで、旧日本軍の将官（少将〜大将）や佐官（少佐〜大佐）クラスに直接会って証言を集めていた。たとえば小沢治三郎（海軍中将、最後の連合艦隊司令長官）や今村均（陸軍大将）など、陸海軍の上層部が中心だ。

一方、私が昭和史の取材を始めたのは昭和五十年代に入ってからで、将官クラスに取材しようとしても、ほとんどが亡くなっていた。だから私が取材したのは、主に中佐以下の佐官や尉官（少尉〜大尉）クラスが多かった。半藤さんは政策を決定した軍人たちに、私はその政策を企画起案した軍人たちに話を聞いたことになる。半藤さんは「保阪と話していると、物事を両方の側面から見られるから面白い」と喜んでくれた。それは私も同感であった。
二、三の例を挙げると、半藤さんは、戦時下の海軍大臣で昭和十九年二月から八月まで軍令部総長を務めた嶋田繁太郎に会っている。いや、正確に言うと、嶋田と会う日時を決めて自宅に行った。
嶋田は玄関の板の間に正座して待っていた。「半藤です」と言っても、一言も口をきかない。「お約束通り訪ねてきました」と言っても、返事もしない。三十分ほど話しかけても返事をしないので、半藤さんはあきらめて帰ったという。

その話を聞いて、私は軍令部の中佐であったSさんのことを思い出した。Sさんは太平洋戦争の開戦時、ワシントンで海軍の駐在武官をしていた。日本に戻ってからは軍令部でアメリカの放送を傍受し、それを日本語に訳しては軍令部総長に届ける役割だった。嶋田が軍令部総長に就任してまもなく、Sさんは傍受放送の日本語訳の文書を嶋田のもとに行って手渡した。すると嶋田はその日本語訳を途中まで読んで、その文書をSさんに投げつけ、「こんな不愉快な資料を持ってくるな！」と怒鳴ったそうである。

嶋田はそういう軍人だったんだ、と半藤さんが怒りを持ったのは、このSさんの証言と、のちに水交会が刊行した海軍の提督たちの証言集のなかで、ある人物が「嶋田は天皇に上奏する資料を勝手に部下に改竄《かいざん》させていた」と証言しているのを目にしてからだった。半藤さんと私の証言を組み合わせることで、軍事指導者のなかには天皇に虚偽・改竄《かいざん》の文書を上奏している者がいたことが裏付けられた。そういう証言や光景の照らし合わせが、私と半藤さんの対談の骨格にもなったのである。

真贋を見極める眼力

半藤さんが卓越していたのは、証言の真贋を見極める眼であった。証言を取るためには、取材対象者の懐に入り込まなくてはならない。いろいろ聞くうちに、非常に重要な証言をしてもらえることがある。こちらは「特ダネだ」と、欣喜雀躍する。しかし、往々にして証言者が自分に有利なように嘘を交えていることもあれば、記憶違いももちろんある。半藤さんはけっして前のめりにならず、「ほどほど」の姿勢を保つようにしていた。

半藤さんとの会話で「じつは誰それは、こんなことを言ってたんだよ」などと、取材の裏話をよく確認し合った。驚くべき内容を聞かされたこともあるのだが、私が「なぜそれを書かないんですか?」と聞くと、半藤さんは「そんなのガセに決まってるじゃないか」と、一笑に付すのだった。

近現代史の関係者に取材する際、相手の「言いっぱなし」を鵜呑みにしてはいけない。聞き手の側が、相手の証言を理解するだけのバックグラウンドと基礎知識を共有していなければならないのだ。また、証言者のちょっとした態度の変化などを敏感に察知し、真贋を見極める能力も要求される。「聞いたままを垂れ流していては、たちの悪い暴露雑誌と変わらない。それは決して許されない」――そう話していた。

私もその思いは同じである。私も延べ四千人以上の証言を集めてきたが、経験上、証言者には「一・一・八の法則」があると思っている。最初の一割は、事実をありのままに語る人。このタイプの人は、証言に誤りがあることを指摘すると、「私はこう思いこんでいたが、資料によると、確かにそうではなかった」などと、率直に誤りを認める。次の一割は、事実が何であるかを分かったうえで、意図的に嘘を言う人。このタイプが最も手に負えない。そして残りの八割は、悪意はないものの、時間の経過とともに記憶を誇張したり矮小化したりしてしまうタイプの人である。私たち一般人の多くがこのタイプだ。これは脳のシステムがそうなっているのだろうが、取材を重ねていると、記憶を美化しているケースが非常に多いことに気づく。

卓越した「人間観察力」

私は元大本営参謀の瀬島龍三を長時間にわたり取材したことがある。戦時中に数多くの作戦を起案し、戦後はシベリア抑留を経て帰国。その後は伊藤忠商事会長などの要職を歴任し、政財界に大きな影響力を持ち続けた人物である。ただ、瀬島はシベリア抑留時代の重要なことや、戦時下のクリエール（伝書使）の体験談、戦後のソ連との交渉における自身の役割についてまったく語っておらず、いまだに謎が多く残されている。

瀬島は、意図的かつ巧妙に歪曲した論を吐くタイプの人物であった。半藤さんから「瀬島の話を聞いて、『これは嘘だな』と分かった？」と聞かれたことがある。半藤さんもやはり長時間、瀬島の話を聞いていた。私はこう答えた。

「分かりますよ。話をしながら目をそらす。あるいは目が泳ぐ。また、こちらが聞きたい内容から巧みに話が逸れていくように誘導する話法を用いる人が多くいます。瀬島さんはその全てが当てはまりました」

そう具体的に瀬島の変化を語った。すると半藤さんは、「うむ、だいぶ分かってるな」と微笑んだ。

歴史の証言を聞き出すことは結局のところ「人間観察力」の勝負だ。全人格をかけて相手と向き合い、話を聞き出す。肉声や目の動きの変化などからも証言の真贋を見抜く。そうした姿勢が重要だ。半藤さんはその人間観察力に長けていた。

半藤さんの人間観察力は、自らの体験に基づくものではないか。小学校時代に近所の子供たちの中でガキ大将として振る舞っていたが、それぞれの子供たちの性格を見抜いて、誰もが遊びを楽しめるように苦労した話、旧制中学の時は疎開で次々と学校を転校せざるをえなかったが、そのときの教師や校長たちの戦争への苛立ちを感じ取った話、二十代のときに遊女たちの身の上を取材したおりに彼女たちの生い立ちやその悲しさを理解した話——そうした中で独特の目が培われたように思う。

現実そのものの中に、私たちの発する問いがある。真理は細部に宿る——それが本質だという姿勢は、イデオロギーや演繹的な発想を嫌った半藤さんの実証主義に徹する哲学の発露だったと私には思える。

清張さんとの出会いが編集者冥利

おおらかな人柄だったが、編集者の経験からか、気配りの人でもあった。自らが書き手となってからは、「つい編集者へサービスしすぎるんだよ、俺は」とよく言っていた。たとえば座談会などでは「保阪さん、ここで一つ盛り上げないと」などと言い、読者サービスを意識したエピソードを語る。そうした細かな部分にまで配慮を欠かさなかった。

編集者時代、さまざまな作家を担当したが、深く付き合った一人が松本清張だったという。清張の家と半藤さんの家は近く、ことあるごとによく呼び出されていたようだ。日曜日でも酒や雑談の相手をするときがあった。半藤さんは座談の名手でもあったが、そうした経験が生きたのだろう。清張は半藤さんにさまざまな質問をした。「分かりません」と答えると、清張は「東大卒でも分からないことがあるのか」と喜んでいたという。「だから時には、ある程度知っていても知らないふりをしたこともあるよ」と半藤さんは話していた。そんな清張のことを半藤さんは大好きで、「清張さんは本当に正直な人。とにかく一生懸命に生きた人だった」と称賛の言葉は途切れない。

「清張さんと出会えたことが、編集者冥利につきる」との言を、私は何度も聞いた。

天皇皇后両陛下にお会いして

天皇皇后（現在の上皇上皇后）両陛下に、半藤さんとともにお目にかかったこともあった。このことについては『文藝春秋』二〇一六年九月号にて対談を試みたので、ここでは大まかなことだけ触れておきたい。

私たちは「ご進講」という堅苦しい形式ではなく、いわば雑談を交わすかたちだったと言っていいように思う。天皇皇后両陛下からご質問をいただくと、それを受けてお答えをさせていただくという感じであった。半藤さんも私も次第に私たちの日常の感覚でお話をすることができた。

最初の訪問の際、教科書の話をしたことを鮮明に覚えている。天皇陛下が昭和八年、皇后陛下が昭和九年、半藤さんが昭和五年生まれで、同世代の三人は「あの頃はこういう教科書で……」と、話に花が咲いていた。私は「皇太子も普通の子供たちと同じ教科書を使っておられたのか」と驚いた。

私（昭和十四年生まれ）は戦後の教育を受けたため、戦前の教科書は知らない。すると皇后陛下が「保阪さんは？」と聞かれた。私が「小学校入学は昭和二十一年です」と答えたところ、「では、妹と一緒の年代ですね」と言われ、「妹を通じて、その世代のことを私もよく存じています。まだ教科書のない時代でしたね」などと話された。

そういう会話を通じて、半藤さんと私との間には、平成の天皇皇后両陛下が戦後民主主義の下における象徴天皇像をおつくりになってきた様子を見ることができたとの共通の感情があった。御所からの帰りには、両陛下のそういう姿への信念を何度も話し合った。私たちが昭和史を含めて近代日本史の実像を確かめる、あるいは正確な史実を確認するというのは、明治維新から太平洋戦争終結までの七十余年の歴史が日本史全体の中でどういう意味をもつのかを確認することでもあった。

明治維新以降の近代日本の最大の問題点は、天皇から軍事や政治の大権を付与されている軍人や政治家が、天皇の本来の意思を尊重していなかったことである。現実には自分たちの権力を保持しつつ、国民に向けてはその権威を利用しながら虚言を弄していたところにある。

両陛下とも、それを知悉されたうえで、もし天皇という存在がもっと国民に近い存在であったなら、戦前のような不幸なことにはならなかったのではないか、という忸《じく》怩《じ》たる思いを抱いておられるのではないか――それが半藤さんと私の思いでもあった。

天皇皇后両陛下にお会いすることで、半藤さんも私も歴史を見る目にもう一回り膨らみができた感じがする。天皇について語るとき、天皇制の是非といったイデオロギー的なものの見方でしか議論できない人がいまだに多い。だが、そうした議論とはまったく別次元において、天皇という人は大変な重荷を背負って生きておられるのだという事実を、私は強く実感した。

戦後まもなくの頃、『文藝春秋』(昭和二十四年六月号)に「天皇陛下大いに笑ふ」という座談会(仏文学者の辰野隆、作家で俳優の徳川夢聲、詩人のサトウ・ハチローと昭和天皇との懇談模様)が掲載された。戦前は神格化されていた昭和天皇だが、この座談会では人間味溢れる実像が明かされ、天皇のイメージを大きく変えることになった。半藤さんと陛下との会話を聞いていると、「天皇陛下大いに笑ふ」の現代版を見ているような感もした。

皇室が開かれたかたちで国民とともに歩むことは何よりも大事だ。「皇室が開かれることによって、天皇の権威が消滅する」などという論が一部の識者から出ているが、天皇の権威を軍部や政治家が利用したかつてのような天皇制に戻すべきではない。むしろそのほうが、日本史の中では例外なのだ——半藤さんとはその点を共有することができた。

残された昭和史の「謎」

『日本のいちばん長い日』は、後に決定版として実際の執筆者である半藤さんのクレジットで刊行され、今日に至るまでロングセラーとなり、二度も映画化された。それに関連して、こんな興味深い話がある。

岡本喜八監督による最初の映画化（昭和四十二年公開）の際、試写会が行われ、半藤さんも招かれた。試写会終了後、招待客が帰っていく時、半藤さんの目の前を、八・一五事件に関与した荒尾興功《おきかつ》元大佐（軍務局軍事課長）と首謀者の一人である井田正孝元中佐（軍務局軍務課員）らが歩いていた。彼らがこんな会話をしているのが聞こえてきた。

「結局、あのことはまだ分かってないんだな」

「そうですね」

彼らは安堵したように、そう話し合っていた。驚いた半藤さんは、「どうも」と彼らに声をかけた。

「彼らはギクッとしてたよ。しかし『あのこと』っていったい何なのか、俺は今でも分からねえんだよ。あの謎を解明したいんだよな」

半藤さんはそう振り返った。

「八・一五事件」は、日本の降伏を阻止すべく、近衛第一師団長の森赳《たけし》中将を殺害後、師団長命令を偽造し、近衛歩兵第二連隊を用いて宮城（皇居）を占拠しようという計画だった。結局、玉音放送の前までに反乱は鎮圧されるが、もっと大掛かりなクーデター計画があった可能性がある。軍務課の課員は直属の兵を持たないため、兵を動かすとすれば、偽命令書を作らなければならない。師団長命令よりも強い偽命令書を作って、大規模な転覆工作を仕掛けようとしていたのではないか。

日本は歴史の教訓に学べるか

「あのこと」について、半藤さんから「一緒に調べてみよう」と持ち掛けられたこともあるが、結局それは叶わなかった。資料が残されている可能性は限りなく低い。謎といえば、二・二六事件のときの石原莞爾の動きも妙だ。このクーデター計画を利用しようとした石原の本心は不明だ。ともあれ、私たちが知っているつもりの昭和の戦争には、まだ大きな謎がいくつも残されているのだということを、半藤さんは私たちへの宿題として残してくれているのだと私は思う。

最後に話したのは、二〇二〇年十一月だった。ある方から半藤さんとご一緒にとのお誘いがあり、都合を聞くべく電話をかけたのだ。普段の半藤さんなら「おお、元気か？　しかし、こんな世の中じゃあ、どうしようもねえよな」などと威勢よく話し出すのだが、このときは語り口にいつもの潤いが感じられなかった。「いや、ダメだ。すぐ断ってくれ。こっちはもう動けねえんだから」と、声を落とした。今から思うと、肉体的にかなり辛かったのではないか。

二〇二一年、日本は重大な岐路に差し掛かっている。首相に都合の悪い公文書を破棄したり、顔色を窺って物言えぬ空気が蔓延《まんえん》する政府、コロナ対策の不備、将来のことは仮定のことだから答えられないなどと平気で言う政治家――それは、歴史の教訓にまったく学んでいないことに等しい。

「おい、二度とあんな時代に戻ることはないだろうな」と、半藤さんの声が聞こえてくる。

半藤さんが示した道筋を、私たちは歩き続けたい。

中村哲さんがアフガンに遺した「道」

澤地久枝（ノンフィクション作家）

人間の体はこんなにも震えるものなのか——。

私が中村先生の訃報を知ったのは、朝日新聞記者からの電話でした。アフガニスタンで何者かに襲撃され、怪我をされたと聞かされました。命に別状はないとのことだったのに、話の途中で同僚からメモでも差し入れられたのか、突如、記者の声が一変しました。

「先生が亡くなられました」

その途端、つま先がガタガタと震えて、それが全身に広がったのです。あまりに予期せぬことが起きたとき、自分の肉体がどんな反応を示すのか。生まれて初めて知りました。

中村哲医師、享年七十三。

二〇一九年十二月四日朝、灌漑工事の現場に向かう途中、武装勢力に襲われ、命を落とした。

終戦翌年、福岡県に生まれた中村さんは、一九八四年からパキスタンとアフガニスタンで

難民への医療支援に尽力してきた。医師としてだけでなく、「百の診療所よりも一本の用水路」という信念の下、井戸を掘り、用水路建設を進め、人々の支援に努めてきた。二〇〇三年には、長年にわたる貢献が認められ、「アジアのノーベル賞」といわれるマグサイサイ賞を受賞した。

澤地氏は、二〇一〇年に中村さんの発言録『人は愛するに足り、真心は信ずるに足る』を上梓するなど、その活動を陰から支えてきた。澤地氏が中村さんへの思いを語る。

中村先生を具体的に知ったのは、一九九七年です。私がスタンフォード大学に滞在しているとき、山一証券が破綻しました。当時は、バブル経済の余韻が残っていて、日本人が世界中で威張り散らしていた時代です。ところが、山一の社長が記者会見で号泣する映像が報じられると、アメリカの学生たちがいっせいに笑ったのです。

海外で日本がどう見られているのかを目の当たりにし、日本の外から「日本」というものを見つめなおすようになりました。そんな時、メディアを通じて中村先生の活動を知ったのです。危険を顧みず、紛争地の人々のために尽くしている。こんな日本人がいるのか、と。

ようやくお目にかかることができたのは、それから十年以上経った二〇〇八年八月。思ったよりも小柄で、とてもゆっくりお話をされるのが印象的でした。それ以来、帰国されるたびに講演会の楽屋を訪ねるなど、お目にかかってお話をうかがってきました。

港湾労働者の世界に生まれて

中村先生の原風景は、荒々しい港湾労働者の世界です。祖父は若松港（現北九州港）の沖仲仕《おきなかし》を取りしきる「玉井組」の組長、玉井金五郎。彼は、作家の火野葦平の父親でもあります。葦平の作品『花と龍』は、沖仲仕の労働争議を描いたものですが、これは両親を主人公とした玉井一族の伝記的小説でもあります。

先生は伯父に当たる葦平のことをよく覚えていました。玉井一族を支えたのは、葦平の文筆業。大家族の生活を支えるために多くの仕事をこなさなければなりませんでしたから、家族と話をしている途中で、編集者に「原稿の続きを言います」と電話をかけたこともあったそうです。つまり、しゃべりながら小説を作っていたわけで、子どもだった先生は「脳の中で、小説を書く部分と会話する部分が分かれている。ものすごい才能だ」と思ったそうです。

父・勉は葦平の友人であり、戦前、治安維持法下で労働運動を行い、投獄されたこともあったといいます。母は葦平の妹で、両親は労働運動を通じて知り合ったそうです。二人とも大酒飲みで、一晩で一升瓶が二本空いたといいます。先生自身は「飲兵衛の酔態を嫌というほど見てきたから」と、一滴もお酒をお飲みになりませんでしたが。

先生の幼い頃からの夢は、ファーブルのように虫の研究をしながら田舎で暮らすことでした。

ただ、お父さんの口癖は、「世の中のお役に立たなければいけん。お前はそのために生まれてきたんだ」です。昆虫学者が夢といっても、反対されることはわかりきっていましたから、九州大学医学部に進学しました。入学当初はまだ、昆虫学科に転部する希望を持っていたのですが、お父さんが借金をして高価な医学書を揃えてくれたことがわかり、医師になる決意をされたそうです。

家族を連れてパキスタンへ

先生は両親の勧めもあって、中学時代にミッションスクールに通い、洗礼を受けています。これが、先生を中東の地に導きました。一九八二年、福岡県の病院で働いていた先生の下に、日本キリスト教海外医療協力会からパキスタンのペシャワール赴任の依頼が届いたのです。

先生は当時、生まれて間もない長女と長男を抱えていました。医療の恩典のまったくない土地での仕事に惹かれた先生の決断は、「ともに行く」と言われた夫人の決心に支えられています。ペシャワールへ幼い子をつれてゆかれた夫人の勇気は比べるものもありません。

ある時、私が、「奥様に『ありがとう』っておっしゃらないんですか?」と尋ねると、冗談交じりに「そんなことを言ったら、家内は私を病院に連れて行きますよ」と。異国に暮らしていてもやっぱり九州の男性。感謝しても、言葉に出して伝えないんでしょうね。

一九八四年に家族四人揃って赴任することになりましたが、先生は、現地に溶け込むための努力を惜しみませんでした。まずは髭を長く伸ばし、パキスタンの伝統衣装、チトラール帽をかぶった。現地ではこの二つがなければ変人だと思われるからですが、後に先生のトレードマークになりました。また、「とにかく相手が何を言いたいかわからなければ、どうにもならない」と、現地で語学学校に通い、公用語のウルドゥー語やパシュトゥー語を学びました。

赴任した当初は、ハンセン病の治療に当たりました。ただ、ハンセン病の多い地域は結核やマラリアなど、感染症の巣窟で、あらゆる病気を治療しなくてはなりません。しかも、アフガニスタンやパキスタンは三千メートル級の山々が聳《そび》え立ち、高地にある集落は無医村ばかり。ある村に診察に行くと、周囲の村が評判を聞きつけ、何日もかけて先生の下に治療のお願いにやってくる。ある日、先生が「薬が無くなった。

帰らないといけない」と伝えると、ガックリと肩を落としてお年寄りが去っていったそうです。その後ろ姿が目に焼きついて離れないとおっしゃっていました。

パキスタン赴任の前年には、先生の活動を支えるために、親しい友人らによってNGO「ペシャワール会」が設立され、アフガニスタンにも拠点ができました。

まず、水がなければ

次第に医療活動は軌道に乗り始めましたが、二〇〇〇年になると、先生は医療の「限界」に直面します。

きっかけは、この年にアフガンをおそった大干魃《かんばつ》でした。飢餓状態にある者が四百万人、餓死の恐れが百万人という凄まじい被害が予想された。汚い水を飲まざるをえないので、赤痢や腸チフスにかかる人も続出しました。とくに、子どもたちは下痢が原因で次々と命を落としていった。いくら点滴で水分を補給しても命を救うことはできません。人が生きるには、まず水がなければならないのです。

「病気はあとで治せる。ともかくいまは生きておれ」

これが、先生が辿り着いた答えでした。

アフガニスタンは元々、豊かな農業国です。先生は内戦で荒れ果てた農地を訪ね歩いて、「水さえ引けば、農業は復活する」と確信を持ちました。こうして、井戸や用水路建設に踏み出すことになったのです。

ただ、現地に用水路を造れる土木技師は一人もいません。先生は独学を重ねて自ら設計図を描けるまでになりましたが、その過程で日本古来の技術も学びました。帰国するたびに九州各地の用水路や堰《せき》を調査して、江戸時代の工法を学び、アフガニスタンにとって最適の技術を模索していったのです。

その一つが「蛇籠《じゃかご》」です。これは、袋状にした針金の中に石を詰めたもの。通常はコンクリートで護岸するところに、無数の蛇籠を積んで用水路を造り上げました。いずれはアフガンの人たちだけで維持・管理ができるように、現地でも調達しやすい資材を使い、工法も簡単にしました。

ときには、自らショベルカーを運転して工事の最前線に立ちました。とにかく、泥臭く、これが先生の働き方だったのです。

「皆さんから『大変ですね』という言葉をかけられるのですが、現地にいるほうが、心やすらかだ」とおっしゃっていました。「お日様と一緒に起きて、暗くなるまで汗を流して働くことで、今日も一日頑張ったなと幸せを実感できるのだ」と。

とはいえ、こういうお話も伺いました。三千メートルを超える山岳地帯を馬で移動中、鐙《あぶみ》に足が絡まったまま落馬して、宙吊りになったそうです。それでも馬は走り続ける。頭を引きずられて死んでしまうと思ったとき、「あ、これで楽になれる」と思われた。

この頃から、中村先生の活動を知って現地で働きたいという日本の若者が増えていきました。ところが、彼らは、「世界の趨勢《すうせい》は……」と頭でっかちな議論ばかりしたがるそうです。先生は、彼らの話を「ウン、ウン」と聞きつつ、まずはスコップを握らせて肉体労働をさせる。すると、彼らも次第に泥にまみれて仕事をすることの尊さを理解するそうです。

二〇〇七年にはアフガニスタン国内で最大の水量を誇るクナール川から水を引く用

水路の第一期工事が完了しました。水路が通って農地で作物がとれるようになると、どん底に生きていた何万人もの難民が帰ってきました。

家族揃って日に三度の食卓を囲み、平和であること。それが人々の願いです。子どもたちは用水路で水遊びをし、皮膚病が減ったといいます。用水池に住み着いた魚を揚げる店もできたと先生は嬉しそうでした。緑の大地計画はさらにひろがっていったのです。

「精神的支柱」を復興

わずか三回のインタビューで『人は愛するに足り、真心は信ずるに足る』を先生との共著で出したのは、印税を先生に送って活動を支援したいとの思いからでした。この本を売るべく、力を尽くして、初版から十八版まで、四万部を超えたと思います。先生の逝去後は二十版になりました。しかし、御夫妻はみずからのことを語らない方たちで、御家族に触れた部分は本の最終のゲラで、三十頁くらいカットされました。

ある年、福岡のペシャワール会からどさっと荷物が届き、糖蜜（砂糖大根などの汁を煮つめた砂糖の最初の形）が送られてきました。先生のお気持ちだったと思います。苦しみながら水路を掘りすすめて、農地がよみがえり、こういうものさえできるようになったという、先生の「結果」報告と思いました。

先生が「水路と同等に重要」とおっしゃっていたのが、荒廃したマドラッサの復興でした。教育施設でありながら、宗教施設としての性格を持ち、各地域をまとめる長老たちが集まる地方自治の拠点。人々にとって精神的支柱のような存在です。

マドラッサの鍬《くわ》入れ式では、集まった各地域の村長さんたちが、「これで自由になるぞ！」と水路の完成以上に大喜びしたそうです。水がなければ人は生きていけませんが、人間が人間らしく生きていくためには精神的な支えが不可欠。アフガンでは、長老会議ですべてが決まる。先生はそれをよくご存じだったんですね。

アフガニスタンを一変させたのは、二〇〇一年のアメリカ同時多発テロでした。アフガニスタンのタリバン政権が首謀者であるウサマ・ビン＝ラディンを匿《かくま》っているとして米軍の空爆が始まりました。

ペシャワール会は爆撃下での活動を強いられ、用水路工事のすぐそばを米軍のヘリコプターが編隊飛行する光景が日常茶飯事になりました。先生が命の危機に直面したのも一度や二度ではありません。

ついには、流れ弾が脚に命中しました。骨の表面をかすめたと聞いたので、「さすがに入院されたんですか？」と尋ねると、「いや、私が医者なんで」と。なんと、麻酔を使わずに自分で傷口を縫い合わせたそうです。「注射が嫌いだから麻酔をしなかったんでしょう」と言うと、はじめは、「そんなことはありません」と言っていましたが、しつこく尋ねると、「やっぱり、注射は痛いですから（笑）」と本音が。いまとなっては、こういう楽しいやりとりばかりが思い返されます。

クラシック音楽と昆虫が癒やし

同時多発テロ後、インド洋に自衛隊が派遣されました。派遣が決まる前、先生は参考人として国会に呼ばれました。その際、自衛隊派遣について、「有害無益である」

と強く反対されたのです。

アフガニスタンでも、日本の平和憲法はよく知られています。日本人であることがわかれば、武装勢力も襲ってきません。ですから、先生が乗る車には、目立つように日の丸と「JAPAN」の文字を印刷していたそうです。

ところが、自衛隊派遣によって、アフガンの人たちの間で、「日本は米軍の味方ではないか」と不信感が生まれた。先生は身を守るために、日の丸と「JAPAN」を消さざるをえなかったそうです。

同時多発テロ後に、目の敵にされたのが「タリバン」です。元々は「学生」を意味しますが、ここで言う「タリバン」の定義は、実ははっきりしません。武装などせずに、農業を営んでいるだけの「タリバン」もいます。先生は冗談めかして、「私も『タリバンのリーダー』と言われればその通りです」とおっしゃっていました。『タリバン』の多くは、単なる田舎のおっさんです」と。先生は、「彼らとテロを結びつけるのは間違っている」と憤っていました。

こうした様々な困難と向き合う中で先生を癒やしたのが、クラシック音楽でした。

とくにモーツァルトがお好きで、現地に立派なオーディオ機材を日本から持ち込まれたそうです。いい音を求めてでしょう。運び込むときは、現地の職員が「これも水路建設に必要な大切な機材だ」と勘違いして頑張ってくれたそうで、先生は恐縮しておられました。

水道も電気もない土地ですから、自家発電装置を使って数時間だけ電気が使えます。この限られた時間を使って、音楽を楽しまれていたそうです。

昆虫への熱意もお持ちでした。先生は子どもの頃から、ファーブルの『昆虫記』に魅せられ、スカラベ（フンコロガシ）に憧れていらした。日本にはいない虫ですが、アフガニスタンでは何度も見かけたそうです。

蝶の幼虫は特定の植物しか食べないそうです。私は考えたこともないですが、先生はモンシロチョウなどをみると、菜種とかキャベツといった十字花科《じゅうじか》の植物が生えていると想像がつくと言われ、探すと見つかったそうです。「私のひそやかな楽しみです」と語っておられました。

ネコくらいの大きさのトカゲが、人里にいるという話もうかがいました。ヤマアラシがいて、見たことはないけれど高い山にはトラもいるという話をされるときは、じつに楽しそうな中村先生でした。

「いっぺんは死ぬから」

ペシャワール会の現地代表である先生には、共に働く職員の命を守る責務もあります。先生が悔やまれていたのが、二〇〇八年に現地職員だった伊藤和也さんが何者かに殺害されたことです。

その年は、再び大干魃がアフガンを襲い、それに伴って治安も悪化していました。当時、現地には二十四人の日本人ボランティアがいたそうですが、先生は全員帰国させた上で、自分ひとりだけが残ろうと考えていらした。伊藤さんが犠牲になったのは、そうした矢先でした。

実は、先生は、次男・剛《つよし》くんを亡くされています。家族については多くを語られませんが、先生には五人のお子さんがいます。剛くんは末っ子でした。アフガン空爆が始まった翌年、脳の神経腫瘍によってわずか十歳で亡くなっています。二〇〇二年十二月、病状が悪化したとき、剛くんは「人間は、いっぺんは死ぬから」と言って、家族を慰めたそうです。

剛くんのお茶目な一面を先生が教えてくれました。先生がメールアドレスを設定するときに、剛くんが「tecchan（哲ちゃん）」から始まるアドレスを付けてくれたそうです。この話をされたときの、先生の嬉しそうな顔は忘れられません。

幼い剛くんの死のあと、不条理に一矢報いるべく、水路建設へのとりくみは、先生の胸中の火になったと思います。辛くても逃げない。大地がどれだけ固くても、かつて農地だったところに水を通す。先生の意思の支えに御子息の死があったのでしょう。その答えは糖蜜さえできる農業の復活だったのだと思います。

「後世への最大遺物」とは

最後に先生の姿を見たのは、二〇一九年九月。川崎市で行われた講演会でした。客席からお顔をみると、ずいぶん痩せられて、お歳を召したように感じられました。控え室にご挨拶に行こうかと思いましたが、なぜかこの日に限って気が進みませんでした。いまとなっては仕方ありませんが、「あの時、お話ししておけばよかった」と悔いています。

先生が亡くなっても、これまで取り組まれてきた事業は遺ります。先生が築いた用水路は、いまでは流域に住む六十万人以上の人々の生命を支え続けています。

先生の座右の書は、内村鑑三の『後世への最大遺物』。内村はこの中で、「事業」を遺すことの大切さを説いています。なかでも、土木事業については、「永遠の喜びと富とを後世に遺す」と綴っている。先生はこの本を日本から何冊も取り寄せて、現地の若い職員に勧めていたそうです。先生がいなくなっても、井戸や用水路、マドラッサは残り、人々の生活を支え続けます。

かつて、中村先生はこうおっしゃっていました。

「人の名前は忘れられる。しかし、用水路そのものは残ってゆく……。神というか、天というか、おそらく自分にはできないことまでは強制なさらないだろうというのが、私のささやかな確信で、『これだけやったから許してください』と言うしかないですよね。それでいいんじゃないかと思います」

用水路は残る。努力した人の名前が忘れられても、人々がなんとか維持していくと先生は考えられた。それが「後世への最大遺物」であり、「未来」であったと改めて思っています。

初出一覧

第一章　「わたしの師匠」（『文藝春秋』２０１７年７月号）
第二章　「お父ちゃんが死んで一年経った」（『文藝春秋』２０１６年12月号）
第三章　「おふくろはいつもパジャマ姿だった」（『文藝春秋』２０１７年６月号）
第四章　「父は最期まで『我』を貫いた」（『文藝春秋』２０２２年４月号）
第五章　「わが師・阿川先生のこと」（『文藝春秋』２０１５年10月号）
第六章　「私とは波長が合わなかった『形而上学論』」（『文藝春秋』２０２１年８月号）
第七章　「半藤さんが私たちに残した『宿題』」（『文藝春秋』２０２１年３月号）
第八章　「中村哲さんがアフガンに遺した『道』」（『文藝春秋』２０２０年２月号）

文春新書

1479

リーダーの言葉力《ことばりょく》

2024年12月20日　第1刷発行

編　者　　文藝春秋
発行者　　大松芳男
発行所　株式会社　文藝春秋

〒102-8008　東京都千代田区紀尾井町3-23
電話 (03) 3265-1211 (代表)

印刷所　　理想社
付物印刷　大日本印刷
製本所　　大口製本

定価はカバーに表示してあります。
万一、落丁・乱丁の場合は小社製作部宛お送り下さい。
送料小社負担でお取替え致します。

ISBN978-4-16-661479-0